101 Rezeptideen

Curries

101 Rezeptideen

Curries

Parragon

Bath • New York • Singapore • Hong Kong • Cologne • Delhi
Melbourne • Amsterdam • Johannesburg • Auckland • Shenzhen

Layout: Talking Design
Einleitung: Linda Doeser

Realisation der deutschen Ausgabe: trans texas publishing, Köln
Übersetzung: Lisa Voges, Köln; u.a.
Lektorat und Projektmanagement: Nazire Ergün, Köln

ISBN 978-1-4454-4497-0

Printed in China

Hinweis
Sofern die Schale von Zitrusfrüchten benötigt wird, verwenden Sie unbedingt unbehandelte Früchte. Sind Zutaten in Löffeln angegeben, ist immer ein gestrichener Löffel gemeint: Ein Teelöffel entspricht 5 ml, ein Esslöffel 15 ml.
Sofern nicht anders angegeben, wird Vollmilch (3,5 % Fett) verwendet. Es sollte stets frisch gemahlener schwarzer Pfeffer verarbeitet werden..
Bei Eiern und einzelnen Gemüsesorten, z. B. Kartoffeln, verwenden Sie mittelgroße Exemplare. Kinder, ältere Menschen, Schwangere, Kranke und Rekonvaleszenten sollten auf Gerichte mit rohen oder nur leicht gegarten Eiern verzichten.
Die angegebenen Zeiten können von den tatsächlichen leicht abweichen, da je nach verwendeter Zubereitungsmethode und vorhandenem Herdtyp Schwankungen auftreten.

Inhalt

Einleitung

Curry, abgeleitet von „kari", dem tamilischen Wort für „Tunke", hat bei uns im Westen eine wechselvolle Geschichte. Im 18. und 19. Jahrhundert hatten Angestellte der Niederländischen Ostindien-Kompanie und britische Kolonialbeamte Geschmack an den würzigen Saucen gefunden, die ihnen in Indien mit Reis und anderen Beilagen serviert wurden. Wieder in ihre Heimat zurückgekehrt versuchten sie, die fein gewürzten Gerichte nachzukochen, was aber leider in der Einführung von fertig gemischtem Currypulver endete – etwas, das kein indischer Koch gutheißen würde.

Indische Currygewürzmischungen werden traditionell für jedes Gericht frisch zubereitet, und jeder Koch hat seine eigenen Lieblingsgewürze, die er je nach Hauptzutat des Gerichts individuell zusammenstellt. Neben getrockneten Gewürzen wie Kreuzkümmel und Koriander spielen auch frische Zutaten wie Ingwer und Chillies eine wichtige Rolle. Vor der Verwendung werden diese häufig als Ganzes geröstet oder gebraten und dann im Mörser zerkleinert. Gelegentlich wird auch eine zweite Gewürzmischung gegen Ende der Garzeit in einer Pfanne geröstet und vor dem Servieren über das fertige Gericht gestreut. Currys müssen nicht unbedingt scharf sein, sollten aber ein volles, ausgewogenes Aroma haben. Die verwendeten Gewürze reichen weit über die auf den folgenden Seiten aufgeführten hinaus, wobei warme, duftende Aromen und nicht scharfe überwiegen.

Natürlich sind Currys nicht nur in der indischen Küche zu Hause, sondern vor allem auch in südostasiatischen Ländern wie Malaysia, Vietnam, Indonesien, Myanmar und Thailand.

Auch wenn die Rezepte von Land zu Land variieren, einige Grundzutaten wie Kokosmilch, Limetten, Kaffir-Limettenblätter, getrocknete Garnelen, Fischsauce, Galgant und frischer Koriander sind in vielen Gerichten enthalten. Thai-Currys basieren auf einer Currypaste, die man vor allem in ihrer roten und grünen Variante kennt. Die Pasten lassen sich mit ein bisschen Zeit leicht selbst herstellen. Andernfalls gibt es im Handel ausgezeichnete Fertigprodukte.

Auch in unseren Breitengraden werden selbst gemachte Currys immer beliebter, da sie ein echtes, authentisches Aroma haben. Mit den folgenden Rezepten können auch Sie ganz einfach Currys kochen – egal ob Sie ein cremiges Korma aus dem Norden oder ein feuriges Vindaloo aus dem Südwesten Indiens, ein duftendes thailändisches Hähnchencurry oder ein vollaromatisches indonesisches Rindfleischcurry zubereiten wollen.

Gewürze

Die meisten Currygewürze sind in gut sortierten Supermärkten oder asiatischen Lebensmittelgeschäften erhältlich. Getrocknete Gewürze sollten kühl, dunkel und trocken gelagert werden. Kaufen Sie möglichst kleine Mengen, da die Gewürze schnell ihr Aroma einbüßen.

Asant: Aus dem Gummiharz der tropischen Pflanze gewonnenes Gewürz, das gemahlen oder als Block in Asialäden erhältlich ist.

Bockshornklee: Die kleinen, gelblich braunen, stark duftenden Samen sollten vor dem Mahlen geröstet werden. Sie werden oft für indische Pickles und Chutneys verwendet.

Chillies: Können frisch oder getrocknet verwendet werden. Es gibt viele Sorten, denen man nicht unbedingt ansieht, wie scharf sie sind. Meist sind kleine, spitze Chillies schärfer als größere, rundere. Thai- und Vogelaugenchillies sind besonders scharf. Entfernt man die Kerne, verlieren die Chillies etwas an Schärfe. Nach der Verarbeitung von Chillies immer die Hände gründlich waschen und Kontakt mit Augen, Lippen und Schleimhäuten vermeiden.

Curryblätter: Diese aromatischen Blätter können wie Lorbeerblätter verwendet werden.

Fenchelsamen: Die Samen mit dem anisartigen Aroma werden in Indien für Fleisch- und Gemüsecurrys verwendet. Geröstete Samen werden nach dem Essen gekaut, um den Atem zu erfrischen.

Galgant: Rhizom, das frisch und getrocknet wie der – auch geschmacklich – verwandte Ingwer eingesetzt wird.

Garam masala: Diese aromatische indische Gewürzmischung wird erst gegen Ende der Garzeit zugegeben.

Ingwer: Die frische Wurzel hat einen leicht scharfen Geschmack. Sie wird geschält und dann meist fein gehackt. Häufige Zutat von Chutneys und Pickles.

Kaffir-Limetten: Zitrusfrucht mit runzeliger, hocharomatischer grüner Schale, die fein abgerieben wird. Das Fruchtfleisch ist ungenießbar. Die aromatischen zerkleinerten Blätter verfeinern viele indonesische und thailändische Currys.

Kardamom: Die grünen, cremefarbenen oder schwarzen Kapseln werden für herzhafte Gerichte häufig ganz verwendet (und vor dem Servieren wieder entfernt) und verleihen ein leichtes zitroniges, eukalyptusartiges Aroma. Die schwarzen Samen in den Kapseln können gemahlen werden.

Koriander: Es empfiehlt sich, die kleinen, beigefarbenen Samen zu kaufen und diese nach Bedarf zu mahlen und nicht auf fertig gemahlenes Pulver zurückzugreifen. Das aromatische, milde Gewürz ist unverzichtbar für die indische und südostasiatische Küche.

Kreuzkümmel (Cumin): Die braunen Samen werden vor dem Mahlen häufig in Öl angebraten, damit sie ihr intensives Aroma freisetzen.

Kurkuma (Gelbwurz): Das bittere, leuchtend gelbe Gewürz ist gemahlen erhältlich und sollte sparsam dosiert werden.

Safran: Beim teuersten Gewürz der Welt handelt es sich um die getrockneten Stempelfäden einer Krokusart. Sollte sparsam dosiert werden. Zum Aromatisieren und Färben von Reis.

Senfkörner: Die feurig scharfen schwarzen Samen sollten mit Bedacht eingesetzt werden; gelbe Samen sind süßer und milder. Zur Aromafreisetzung sollten sie in Öl gebraten werden.

Sesamsaat: Die kleinen, cremefarbenen Samen haben ein nussiges Aroma und passen gut zu Gemüsegerichten.

Tamarinde: Das sehr säuerlich schmeckende Fruchtfleisch der getrockneten Hülsenfrüchte wird vor der Verwendung in heißem Wasser eingeweicht und passiert.

Zimt: Warmes, mildes Gewürz, das ganz in Form von Stangen oder als Pulver erhältlich ist. Zimtstangen müssen vor dem Servieren entfernt werden.

Rote Thai-Currypaste

- 1 EL Koriandersamen
- 1 EL Kreuzkümmelsamen
- 2 TL Garnelenpaste
- 12 getrocknete oder frische rote Chillies, gehackt
- 2 Schalotten, gehackt
- 8 Knoblauchzehen, gehackt
- 2,5-cm-Stück frischer Galgant, gehackt
- 2 Zitronengrasstängel (nur der weiße Teil), gehackt
- 4 Kaffir-Limettenblätter, gehackt
- 2 EL frisch gehackte Korianderwurzel
- abgeriebene Schale von 1 Limette
- 1 TL schwarze Pfefferkörner

Koriander- und Kreuzkümmelsamen in einer Pfanne ohne Fett unter ständigem Rühren 2–3 Minuten rösten. Vom Herd nehmen und im Mörser zu Pulver zerstoßen oder in einer Küchenmaschine zerkleinern. Die Garnelenpaste in Alufolie einschlagen und 2–3 Minuten unter ein- bis zweimaligem Wenden grillen oder in einer Pfanne trocken rösten. Zerstoßene Gewürze, Garnelenpaste und Chillies in einer Küchenmaschine pürieren. Die restlichen Zutaten zufügen und alles zu einer glatten Paste verarbeiten.

Grüne Thai-Currypaste

Die Zubereitung ist wie bei der roten Thai-Currypaste mit folgenden Änderungen: 15 frische grüne Thai-Chillies, nur 6 Knoblauchzehen, aber 6 Kaffir-Limettenblätter und zusätzlich 1 Esslöffel Salz mit dem Pfeffer zugeben.

Gelbe Thai-Currypaste

- 3 kleine, frische orangefarbene oder gelbe Chillies, grob gehackt
- 3 große Knoblauchzehen, grob gehackt
- 4 Schalotten, grob gehackt
- 3 TL gemahlene Kurkuma
- 1 TL Salz
- 12–15 schwarze Pfefferkörner
- 1 Zitronengrasstängel (nur der weiße Teil), grob gehackt
- 2,5-cm-Stück frischer Ingwer, gehackt

Alle Zutaten in eine Küchenmaschine oder einen Mixer geben und zu einer dicken Paste verarbeiten.

Knoblauch-Ingwer-Paste

Dieselbe Menge an frischem Knoblauch und Ingwer vermischen. In ein Schraubglas geben und bis zu 3 Wochen im Kühlschrank oder bis zu 1 Monat im Gefrierfach aufbewahren.

Ghee

- 250 g Butter

Die Butter in einem großen, schweren Topf bei mittlerer Hitze zerlassen, bis sie zu schäumen beginnt. Ohne Deckel weitere 15 Minuten erhitzen, bis sich die festen Milchbestandteile am Boden absetzen und das Butterschmalz klar und goldgelb ist. Ein Sieb mit Musselin auslegen und auf eine Schüssel setzen. Die geklärte Butter langsam durch das Sieb gießen; die festen Bestandteile sollten im Topf bleiben und können entsorgt werden. Das Ghee abkühlen lassen, dann in kleinere Schraubgläser füllen und kalt stellen. Es hält sich bis zu 4 Wochen im Kühlschrank.

Mussaman-Currypaste

- 4 große, getrocknete rote Chillies
- 2 TL Garnelenpaste
- 3 Schalotten, fein gehackt
- 3 Knoblauchzehen, fein gehackt
- 2,5-cm-Stück frischer Galgant, fein gehackt
- 2 Zitronengrasstängel (nur der weiße Teil), fein gehackt
- 2 Gewürznelken
- 1 EL Koriandersamen
- 1 EL Kreuzkümmelsamen
- Samen von 3 grünen Kardamomkapseln
- 1 TL schwarze Pfefferkörner
- 1 TL Salz

Die Chillies in einer Schale mit heißem Wasser bedecken und 30–45 Minuten einweichen. Die Garnelenpaste in Alufolie einschlagen und 2–3 Minuten unter ein- bis zweimaligen Wenden grillen oder in einer Pfanne trocken rösten. Aus der Pfanne nehmen. Schalotten, Knoblauch, Galgant, Zitronengras, Gewürznelken, Koriander-, Kreuzkümmel- und Kardamomsamen unter häufigem Rühren bei geringer Hitze 3–4 Minuten rösten. In einer Küchenmaschine fein pürieren. Chillies samt Einweichwasser, Pfefferkörner und Salz zugeben und alles erneut pürieren. Die Garnelenpaste einarbeiten, bis eine weiche Paste entsteht.

Fleisch

Rindfleisch nach Madras-Art

Für 4 Personen
- 1–2 getrocknete rote Chillies, gehackt
- 2 TL gemahlener Koriander
- 2 TL gemahlene Kurkuma
- 1 TL schwarze Senfkörner
- ½ TL gemahlener Ingwer
- ¼ TL Pfeffer
- 140 g Kokoscreme, geraspelt und in 300 ml kochend heißem Wasser aufgelöst
- 50 g Ghee oder 4 EL Pflanzen- bzw. Erdnussöl
- 2 Zwiebeln, gehackt
- 3 große Knoblauchzehen, gehackt
- 700 g mageres Rinderschmorfleisch, von Fett und Sehnen befreit und in 5 cm große Würfel geschnitten
- 250 ml Rinderbrühe
- Zitronensaft, zum Abschmecken
- Salz
- Papadams (knuspriges indisches Fladenbrot), zum Servieren

1 Chillies, Koriander, Kurkuma, Senfkörner, Ingwer und Pfeffer in eine kleine Schüssel geben und mit einer kleinen Menge der aufgelösten Kokoscreme zu einer dünnflüssigen Paste verrühren.

2 Das Ghee in einer großen Pfanne oder einem Bräter mit dicht schließendem Deckel bei mittlerer Hitze zerlassen. Zwiebeln und Knoblauch zugeben und unter Rühren 5–8 Minuten braten, bis die Zwiebeln gebräunt sind. Die Gewürzpaste zugeben und 2 Minuten unter Rühren anbraten, bis sie zu duften beginnt.

3 Fleisch und Brühe zugeben und alles zum Kochen bringen. Die Hitze auf niedrigste Stufe reduzieren, die Pfanne abdecken und das Rindfleisch 90 Minuten köcheln lassen, bis es gut durchgegart ist. Gelegentlich kontrollieren, dass das Fleisch nicht am Boden ansetzt, bei Bedarf Wasser oder Brühe zufügen.

4 Die restliche aufgelöste Kokoscreme, Zitronensaft und nach Belieben Salz unterrühren. Das Gericht unter Rühren kurz aufkochen, dann bei reduzierter Hitze ohne Deckel einköcheln lassen, bis die Sauce etwas dickflüssiger ist. Sofort mit Papadams servieren.

Curry nach Balti-Art

Für 4–6 Personen

- 30 g Ghee oder 2 EL Pflanzen- bzw. Erdnussöl
- 1 große Zwiebel, gehackt
- 2 Knoblauchzehen, zerdrückt
- 2 große rote Paprika, gehackt
- 600 g Rinderfilet oder Roastbeef, in dünne Scheiben geschnitten
- frische Korianderstängel, zum Garnieren
- Naan-Brot, zum Servieren

Balti-Sauce

- 30 g Ghee oder 2 EL Pflanzen- bzw. Erdnussöl
- 2 große Zwiebeln, gehackt
- 1 EL Knoblauch-Ingwer-Paste (siehe Seite 11)
- 400 g gehackte Tomaten aus der Dose
- 1 TL Paprikapulver
- ½ TL gemahlene Kurkuma
- ½ TL gemahlener Kreuzkümmel
- ½ TL gemahlener Koriander
- ¼ TL Chilipulver
- ¼ TL gemahlener Kardamom
- 1 Lorbeerblatt
- Salz und Pfeffer

1 Für die Balti-Sauce das Ghee in einem Wok oder einer großen Pfanne bei mittlerer bis starker Hitze zerlassen. Zwiebeln und Knoblauch-Ingwer-Paste darin unter Rühren etwa 5 Minuten anbraten, bis die Zwiebeln goldbraun sind. Die Tomaten unterrühren, dann Paprikapulver, Kurkuma, Kreuzkümmel, Koriander, Chilipulver, Kardamom, Lorbeerblatt sowie Salz und Pfeffer nach Geschmack zufügen. Unter Rühren zum Kochen bringen, dann die Hitze reduzieren und alles 20 Minuten unter gelegentlichem Rühren köcheln lassen.

2 Die Sauce leicht abkühlen lassen, dann das Lorbeerblatt entfernen und die Sauce im Mixer oder mit einem Stabmixer glatt pürieren.

3 Den Wok auswischen und bei mittlerer bis starker Hitze wieder auf den Herd stellen. Das Ghee darin zerlassen. Zwiebel und Knoblauch zufügen und unter Rühren 5–8 Minuten goldbraun braten. Die Paprika zugeben und 2 Minuten garen.

4 Das Fleisch zufügen und 2 Minuten unter Rühren anbraten, bis es zu bräunen beginnt. Die Balti-Sauce zugießen und zum Kochen bringen. Die Hitze reduzieren und alles 5 Minuten köcheln lassen, bis die Sauce reduziert und die Paprika weich ist. Abschmecken, mit frischen Korianderstängeln garnieren und mit Naan-Brot servieren.

Scharfes Rindfleischcurry

Für 4 Personen

- 400 ml Kokosmilch
- 2 EL rote Thai-Currypaste (siehe Seite 10)
- 2 Knoblauchzehen, zerdrückt
- 500 g Rinderschmorfleisch, in 2 cm große Würfel geschnitten
- 2 frische Kaffir-Limettenblätter, gehackt
- 3 EL Limettensaft
- 2 EL thailändische Fischsauce
- 1 große, frische rote Chili, entkernt und in Ringe geschnitten
- ½ TL gemahlene Kurkuma
- Salz und Pfeffer
- 2 EL frisch gehackte Basilikumblätter
- 2 EL frisch gehackte Korianderblätter
- frisch geraspeltes Kokosfleisch oder getrocknete Kokosflocken, zum Garnieren
- frisch gekochter Reis, zum Servieren

1 Die Kokosmilch in einem großen Topf zum Kochen bringen. Die Hitze reduzieren und die Kokosmilch 10 Minuten sanft köcheln lassen, bis sie etwas eingedickt ist. Currypaste und Knoblauch unterrühren und alles weitere 5 Minuten köcheln lassen.

2 Das Rindfleisch in den Topf geben und alles unter ständigem Rühren zum Kochen bringen. Die Hitze reduzieren und Limettenblätter, Limettensaft, Fischsauce, Chili, Kurkuma und ½ Teelöffel Salz zufügen.

3 Das Curry bei geschlossenem Deckel 20–25 Minuten garen, bis das Fleisch zart ist. Eventuell etwas heißes Wasser zugießen, wenn die Sauce zu schnell einkocht.

4 Basilikum und Koriander zugeben. Das Gericht mit Salz und Pfeffer abschmecken, mit den Kokosraspeln garnieren und mit gekochtem Reis servieren.

Massaman-Curry

Für 4 Personen

- 2 EL Pflanzen- oder Erdnussöl
- 250 g Schalotten, grob gehackt
- 1 Knoblauchzehe, zerdrückt
- 450 g Rinderfilet, in 2,5 cm dicke Scheiben geschnitten und dann gewürfelt
- 2 EL Massaman-Currypaste (siehe Seite 11)
- 3 Kartoffeln, gewürfelt
- 400 ml Kokosmilch
- 2 EL Sojasauce
- 150 ml Rinderbrühe
- 1 TL Palmzucker oder hellbrauner Zucker
- 80 g ungesalzene Erdnüsse
- 1 Handvoll frischer Koriander, gehackt
- frisch gekochte Nudeln, zum Servieren

1 Das Öl in einem Wok erhitzen. Schalotten und Knoblauch darin bei mittlerer Hitze unter Rühren 1–2 Minuten glasig dünsten. Rindfleisch und Currypaste zugeben und bei starker Hitze unter Rühren 2–3 Minuten rundum scharf anbraten. Kartoffeln, Kokosmilch, Sojasauce, Brühe und Zucker zufügen und unter gelegentlichem Rühren zum Kochen bringen. Die Hitze reduzieren und alles 8–10 Minuten köcheln lassen, bis die Kartoffeln weich sind.

2 Unterdessen eine Pfanne erhitzen. Die Erdnüsse darin bei mittlerer Hitze unter Rütteln der Pfanne 2–3 Minuten anrösten, bis sie goldbraun sind. Zum Curry geben, dann den Koriander zufügen und alles gut vermischen. Heiß mit Nudeln servieren.

Rindfleisch-Korma mit Mandeln

Für 6 Personen
- 300 ml Pflanzenöl
- 3 Zwiebeln, fein gehackt
- 1 kg mageres Rindfleisch, in 5 cm große Würfel geschnitten
- 1½ TL Garam masala
- 1½ TL gemahlener Koriander
- 1½ TL frisch gehackter Ingwer
- 1½ TL frisch zerdrückter Knoblauch
- 1 TL Salz
- 150 g Naturjoghurt
- 2 Gewürznelken
- 3 grüne Kardamomkapseln
- 4 schwarze Pfefferkörner
- 600 ml Wasser
- Chapatis, zum Servieren

Zum Garnieren
- gehackte abgezogene Mandeln
- frische grüne Chiliringe
- frisch gehackter Koriander

1 Das Öl in einer großen, schweren Pfanne erhitzen. Die Zwiebeln darin 8–10 Minuten pfannenrühren, bis sie goldbraun sind. Die Hälfte der Zwiebeln beiseitestellen.

2 Das Fleisch zu den restlichen Zwiebeln in die Pfanne geben und 5 Minuten anbraten. Vom Herd nehmen.

3 Garam masala, gemahlenen Koriander, Ingwer, Knoblauch, Salz und Joghurt in einer großen Schüssel vermischen. Nach und nach das Fleisch unter den Joghurt rühren und gut darin wenden. Die Fleischmischung wieder in die Pfanne geben, erneut erhitzen und 5–7 Minuten pfannenrühren, bis die Mischung fast braun ist.

4 Gewürznelken, Kardamomkapseln und Pfefferkörner zufügen. Dann das Wasser einrühren, die Hitze reduzieren und alles abgedeckt 45–60 Minuten köcheln lassen. Wenn die Flüssigkeit verkocht, das Fleisch aber noch nicht zart genug ist, nochmals gut 250 ml Wasser zugeben und alles weitere 10–15 Minuten unter gelegentlichem Rühren köcheln lassen. Auf vorgewärmte Teller verteilen und mit den restlichen Zwiebeln sowie gehackten Mandeln, Chiliringen und frischem Koriander garnieren. Mit Chapatis servieren.

Kokosnuss-Rindfleisch-Curry

Für 4 Personen

- 1 EL gemahlener Koriander
- 1 EL gemahlener Kreuzkümmel
- 3 EL Massaman-Currypaste (siehe Seite 11)
- 150 ml Wasser
- 75 g Kokoscreme
- 450 g Rinderfilet, in Streifen geschnitten
- 400 ml Kokosmilch
- 50 g ungesalzene Erdnüsse, fein gehackt
- 2 EL Fischsauce
- 1 TL Palmzucker oder hellbrauner Zucker
- 4 Kaffir-Limettenblätter
- frische Korianderblätter, zum Garnieren
- frisch gekochter Jasminreis, zum Servieren

1 Gemahlenen Koriander, Kreuzkümmel und Currypaste in einer Schüssel verrühren. Wasser und Kokoscreme in einen Topf geben und erhitzen, bis die Creme aufgelöst ist. Die Currymischung zufügen und alles 1 Minute köcheln lassen.

2 Das Fleisch zugeben und 6–8 Minuten köcheln lassen. Kokosmilch, Erdnüsse, Fischsauce und Zucker unterrühren und alles bei geringer Hitze weitere 15–20 Minuten köcheln lassen, bis das Fleisch gar ist.

3 Die Limettenblätter zufügen und 1–2 Minuten köcheln lassen. Das Curry mit Korianderblättern garnieren und sofort mit Reis servieren.

Kheema Matar

Für 4–6 Personen

- 30 g Ghee oder
  2 EL Pflanzen- bzw. Erdnussöl
- 2 TL Kreuzkümmelsamen
- 1 große Zwiebel, fein gehackt
- 1 EL Knoblauch-Ingwer-Paste (siehe Seite 11)
- 2 Lorbeerblätter
- 2 Tomaten, entkernt und gehackt
- 1 TL gemahlener Koriander
- ¼–½ TL Chilipulver
- ¼ TL gemahlene Kurkuma
- 1 Prise Zucker
- ½ TL Salz
- ½ TL Pfeffer
- 500 g mageres Lamm- oder Rinderhackfleisch
- 250 g tiefgefrorene Erbsen

1 Das Ghee in einem Schmortopf oder einer großen Pfanne mit dicht schließendem Deckel zerlassen. Die Kreuzkümmelsamen darin 30 Sekunden unter Rühren anbraten, bis sie zu springen beginnen.

2 Zwiebel, Knoblauch-Ingwer-Paste und Lorbeerblätter zufügen und unter Rühren anbraten.

3 Die Tomaten unterrühren und 1–2 Minuten köcheln lassen. Dann Koriander, Chilipulver, Kurkuma, Zucker, Salz und Pfeffer zufügen und alles unter Rühren weitere 30 Sekunden braten.

4 Das Hackfleisch zugeben und 5 Minuten braten, bis es nicht mehr rosa ist. Dabei mit einem Holzlöffel die Klümpchen zerdrücken. Die Hitze reduzieren und alles unter gelegentlichem Rühren 10 Minuten köcheln lassen.

5 Die gefrorenen Erbsen zugeben und 10–15 Minuten köcheln lassen, bis sie heiß sind. Falls noch zu viel Flüssigkeit vorhanden ist, die Hitze erhöhen und das Gericht ein paar Minuten einkochen lassen. Sofort servieren.

Rogan Josh

Für 4 Personen

- 350 g Naturjoghurt
- ½ TL Asant, in 2 EL Wasser aufgelöst
- 700 g Lammkeule ohne Knochen, von Fett und Sehnen befreit und in 5 cm große Würfel geschnitten
- 2 Tomaten, entkernt und gewürfelt
- 1 Zwiebel, gehackt
- 30 g Ghee oder 2 EL Pflanzen- bzw. Erdnussöl
- 1½ EL Knoblauch-Ingwer-Paste (siehe Seite 11)
- 2 EL Tomatenmark
- 2 Lorbeerblätter, plus etwas mehr zum Garnieren
- 1 EL gemahlener Koriander
- ¼–1 TL Chilipulver, vorzugsweise Kaschmir-Chilipulver
- ½ TL gemahlene Kurkuma
- 1 TL Salz
- ½ TL Garam masala

1 Den Joghurt in einer großen Schüssel mit dem aufgelösten Asant verrühren. Die Lammwürfel in der Marinade wenden und diese mit den Händen gründlich in das Fleisch reiben. 30 Minuten beiseitestellen.

2 Inzwischen Tomaten und Zwiebel im Mixer zerkleinern. Das Ghee in einer großen Pfanne oder einem Bräter mit dicht schließendem Deckel bei mittlerer Hitze zerlassen. Die Knoblauch-Ingwer-Paste darin anbraten, bis sie zu duften beginnt.

3 Tomaten-Zwiebel-Mischung, Tomatenmark, Lorbeerblätter, Koriander, Chilipulver und Kurkuma unterrühren, die Hitze reduzieren und alles bei geringer Hitze unter gelegentlichem Rühren 5–8 Minuten köcheln lassen.

4 Lammwürfel samt Marinade und Salz zugeben und 2 Minuten anbraten. Abdecken und bei geringer Hitze unter gelegentlichem Rühren 30 Minuten köcheln lassen. Das Lamm sollte genug Flüssigkeit abgeben, um nicht am Pfannenboden anzusetzen, wenn die Sauce aber zu trocken ist, sollte noch etwas Wasser untergerührt werden.

5 Das Lamm mit dem Garam masala bestreuen, die Pfanne wieder abdecken und das Gericht weitere 15–20 Minuten köcheln lassen, bis das Lammfleisch zart ist. Dann alles nochmals abschmecken und mit Lorbeerblättern garniert sofort servieren.

Lamm-Pasanda

Für 4–6 Personen

- 600 g Lammschulter oder -keule ohne Knochen, in dünne Scheiben geschnitten
- 2 EL Knoblauch-Ingwer-Paste (siehe Seite 11)
- 50 g Ghee oder 4 EL Pflanzen- bzw. Erdnussöl
- 3 große Zwiebeln, gehackt
- 1 frische grüne Chili, entkernt und gehackt
- 2 grüne Kardamomkapseln, leicht zerdrückt
- 1 Zimtstange, halbiert
- 2 TL gemahlener Koriander
- 1 TL gemahlener Kreuzkümmel
- 1 TL gemahlene Kurkuma
- 250 ml Wasser
- 150 g Crème double
- 4 EL gemahlene Mandeln
- 1½ TL Salz
- 1 TL Garam masala

Zum Garnieren

- Paprikapulver
- geröstete Mandelblättchen

1 Die Lammscheiben zwischen Frischhaltefolie legen und mit einem Fleischhammer sehr flach klopfen. In eine Schüssel geben, die Knoblauch-Ingwer-Paste zugeben und mit den Händen in das Fleisch reiben. An einem kühlen Ort 2 Stunden marinieren.

2 Das Ghee in einer großen Pfanne oder einem Bräter mit dicht schließendem Deckel bei mittlerer Hitze zerlassen. Zwiebeln und Chili darin 5–8 Minuten unter ständigem Rühren anbraten, bis die Zwiebeln goldbraun sind.

3 Kardamomkapseln, Zimtstange, Koriander, Kreuzkümmel und Kurkuma 2 Minuten unter Rühren mitbraten, bis die Gewürze zu duften beginnen.

4 Das Fleisch in die Pfanne geben und unter gelegentlichem Rühren 5 Minuten rundum anbräunen. Das Wasser zugeben und unter Rühren zum Kochen bringen. Die Hitze auf niedrigste Stufe reduzieren, die Pfanne abdecken und das Gericht 40 Minuten köcheln lassen, bis das Lamm gar ist.

5 Crème double und gemahlene Mandeln in einer Schüssel vermengen. 6 Esslöffel heißen Kochsud aus der Pfanne unterrühren, dann die Mischung nach und nach in die Pfanne rühren. Salz und Garam masala unterrühren. Alles ohne Deckel und unter gelegentlichem Rühren weitere 5 Minuten köcheln lassen.

6 Mit etwas Paprikapulver und gerösteten Mandelblättchen garnieren und sofort servieren.

Lamm-Spinat-Curry

Für 2–4 Personen

- 300 ml Pflanzenöl
- 2 Zwiebeln, in Ringe geschnitten
- ¼ Bund frischer Koriander
- 2 frische grüne Chillies, gehackt
- 1½ TL fein gehackter frischer Ingwer
- 1½ TL frisch zerdrückter Knoblauch
- 1 TL Chilipulver
- ½ TL gemahlene Kurkuma
- 450 g mageres Lammfleisch, in mundgerechte Stücke geschnitten
- 1 TL Salz
- 1 kg frischer Spinat, gehackt
- 700 ml Wasser
- 1 fein gehackte frische rote Chili, zum Garnieren

1 Das Öl in einer großen, schweren Pfanne erhitzen. Die Zwiebeln darin andünsten, bis sie goldgelb sind.

2 Koriander und grüne Chillies zufügen und unter Rühren 3–5 Minuten garen. Die Hitze reduzieren und Ingwer, Knoblauch, Chilipulver sowie Kurkuma einrühren.

3 Das Lammfleisch zugeben und 5 Minuten unter Rühren anbraten. Salz und Spinat zufügen und alles unter gelegentlichem Rühren mit einem Holzlöffel 3–5 Minuten garen.

4 Das Wasser unter Rühren zugießen und abgedeckt bei geringer Hitze 45 Minuten köcheln lassen. Den Deckel abnehmen und prüfen, ob das Fleisch zart ist. Falls nicht, das Fleisch umrühren, die Hitze erhöhen und alles ohne Deckel kochen, bis die überschüssige Flüssigkeit verdampft ist. Dann weitere 5–7 Minuten unter Rühren garen.

5 Lamm und Spinat auf einen vorgewärmten Servierteller geben und mit der gehackten roten Chili garnieren. Heiß servieren.

Lamm mit Tomaten & Aubergine

Für 4 Personen

- 2 EL Öl
- 500 g Lammfilet oder -keule, in 5 cm große Würfel geschnitten
- 1 große Zwiebel, grob gehackt
- 2–3 EL rote Thai-Currypaste (siehe Seite 10)
- 1 Aubergine, klein gewürfelt
- 10 Tomaten, gehäutet, entkernt und grob gehackt
- 400 ml Kokosmilch
- 300 ml Lammbrühe
- 2 EL frisch gehackter Koriander, plus einige Stängel zum Garnieren

1 Das Öl in einer großen Pfanne erhitzen. Das Lammfleisch darin portionsweise 8–10 Minuten rundum anbräunen. Mit einem Schaumlöffel aus der Pfanne heben und beiseitestellen.

2 Die Zwiebel in die Pfanne geben und 2–3 Minuten dünsten, bis sie glasig ist. Die Currypaste zufügen und 2 Minuten pfannenrühren. Aubergine, drei Viertel der Tomaten und Lammfleisch zugeben und alles gut verrühren.

3 Kokosmilch und Brühe zugießen und 30–40 Minuten köcheln lassen, bis das Fleisch zart und die Flüssigkeit eingedickt ist.

4 Die restlichen Tomaten mit dem gehackten Koriander in einer kleinen Schüssel vermengen, dann unter das Curry rühren. Sofort mit Korianderstängeln garniert servieren.

Peschawar-Lammcurry

Für 4 Personen

- 4 EL Sonnenblumenöl
- 2,5-cm-Stück Zimtstange
- 5 grüne Kardamomkapseln, zerdrückt
- 5 Gewürznelken
- 2 Lorbeerblätter
- 700 g Lammkeule ohne Knochen, in 2,5 cm große Würfel geschnitten
- 1 große Zwiebel, fein gehackt
- 4 TL Knoblauch-Ingwer-Paste (siehe Seite 11)
- 1 EL Tomatenmark
- 1 TL gemahlene Kurkuma
- 1 TL gemahlener Koriander
- 1 TL gemahlener Kreuzkümmel
- 125 g Naturjoghurt
- 2 TL Kichererbsen- oder Maismehl
- ½–1 TL Chilipulver
- 150 ml lauwarmes Wasser
- 1 EL frisch gehackte Minzeblätter
- 2 EL frisch gehackte Korianderblätter
- Naan-Brot, zum Servieren

1 Das Öl in einem mittelgroßen Topf auf niedriger Stufe erhitzen. Zimtstange, Kardamomkapseln, Gewürznelken und Lorbeerblätter zugeben und 25–30 Sekunden anbraten. Das Fleisch zufügen und bei mittlerer bis starker Hitze braten, bis es gebräunt und der Fleischsaft verdunstet ist.

2 Zwiebel und Knoblauch-Ingwer-Paste zugeben und 5–6 Minuten unter gelegentlichem Rühren garen. Tomatenmark, Kurkuma, gemahlenen Koriander und Kreuzkümmel zufügen und alles weitere 3–4 Minuten garen.

3 Joghurt, Kichererbsenmehl und Chilipulver verrühren und unter das Fleisch mischen. Die Hitze auf niedrige Stufe reduzieren. Das Wasser zugießen und das Curry bei geschlossenem Deckel unter gelegentlichem Rühren 45–50 Minuten schmoren, bis das Fleisch zart ist. Dann ohne Deckel einkochen, bis die Sauce die gewünschte Konsistenz hat.

4 Die frischen Kräuter unterrühren. Sofort mit Naan-Brot servieren.

Lamm in Zimtsauce

Für 4 Personen

- 700 g Lammnacken oder -keule ohne Knochen, in 2,5 cm große Würfel geschnitten
- 4 EL Rotweinessig
- 1 TL Salz, oder nach Belieben
- 4 EL Sonnenblumenöl
- 5-cm-Stück Zimtstange, halbiert
- 5 grüne Kardamomkapseln, zerdrückt
- 5 Gewürznelken
- 1 große Zwiebel, fein gehackt
- 4 TL Knoblauch-Ingwer-Paste (siehe Seite 11)
- 2 TL gemahlener Kreuzkümmel
- 1 TL gemahlene Kurkuma
- ½–1 TL Chilipulver
- 225 g gehackte Tomaten aus der Dose
- 1½ EL getrocknete Bockshornkleeblätter
- 175 ml lauwarmes Wasser
- 2 TL Ghee oder Butter
- ½ TL Garam masala
- frische Korianderstängel, zum Garnieren
- frisch gekochter Basmatireis, zum Servieren

1 Das Lammfleisch in eine nicht metallische Schüssel geben, mit Essig und Salz einreiben und 30–40 Minuten ziehen lassen.

2 Das Öl in einem mittelgroßen, schweren Topf auf niedriger Stufe erhitzen. Zimtstange, Kardamomkapseln und Gewürznelken darin 25–30 Sekunden anbraten. Die Zwiebel zugeben und bei mittlerer Hitze unter regelmäßigem Rühren dünsten, bis sie glasig, aber nicht gebräunt ist.

3 Die Knoblauch-Ingwer-Paste zufügen und 2–3 Minuten garen. Kreuzkümmel, Kurkuma und Chilipulver einrühren und alles weitere 1–2 Minuten garen. Die Tomaten zufügen, die Hitze leicht erhöhen und die Gewürzmischung weitergaren, bis sie eine pastenartige Konsistenz bekommt und sich das Fett abgesetzt hat. Die Hitze gegen Ende der Garzeit reduzieren.

4 Fleisch, Bockshornkleeblätter und Wasser untermischen und alles zum Kochen bringen. Die Hitze auf niedrigste Stufe reduzieren und das Gericht bei geschlossenem Deckel 45–50 Minuten schmoren, bis das Fleisch zart ist.

5 Das Ghee in einem kleinen Topf bei geringer Hitze zerlassen. Das Garam masala darin 30 Sekunden anbraten. Das aromatisierte Ghee unter das Lammcurry heben. Mit frischen Korianderstängeln garnieren und sofort mit Reis servieren.

Lamm Do Piaza

Für 4 Personen

- 4 Zwiebeln, in Ringe geschnitten
- 3 Knoblauchzehen, grob gehackt
- 2,5-cm-Stück frischer Ingwer, gerieben
- 1 TL gemahlener Koriander
- 1 TL gemahlener Kreuzkümmel
- 1 TL Chilipulver
- ½ TL gemahlene Kurkuma
- 1 TL Zimt
- 1 TL Garam masala
- 4 EL Wasser
- 5 EL Ghee oder Pflanzenöl
- 600 g Lammfleisch ohne Knochen, in mundgerechte Stücke geschnitten
- 6 EL Naturjoghurt
- Salz und Pfeffer
- frische Korianderblätter, zum Garnieren
- frisch gekochter Reis, zum Servieren

1 Die Hälfte der Zwiebelringe mit Knoblauch, Ingwer, gemahlenem Koriander, Kreuzkümmel, Chilipulver, Kurkuma, Zimt, Garam masala und Wasser in einer Küchenmaschine zu einer Paste pürieren.

2 In einer Pfanne 4 Esslöffel Ghee bei mittlerer Hitze zerlassen. Die restlichen Zwiebelringe darin unter Rühren 3 Minuten andünsten, dann vom Herd nehmen. Die Zwiebeln mit einem Schaumlöffel aus der Pfanne heben und beiseitestellen. Das restliche Ghee in der Pfanne bei starker Hitze zerlassen und das Lammfleisch darin unter Rühren 5 Minuten anbräunen. Das Fleisch herausnehmen und zum Abtropfen auf Küchenpapier legen.

3 Die Zwiebel-Gewürz-Paste in die Pfanne geben und bei mittlerer Hitze unter Rühren braten, bis sich das Fett absetzt. Den Joghurt einrühren, mit Salz und Pfeffer würzen, das Fleisch wieder zufügen und alles gut verrühren.

4 Sanft zum Köcheln bringen, dann die Hitze reduzieren und die Mischung abgedeckt 25 Minuten köcheln lassen. Die beiseitegestellten Zwiebelringe zugeben und alles weitere 5 Minuten köcheln lassen. Vom Herd nehmen und mit Korianderblättern garnieren. Sofort mit frisch gekochtem Reis servieren.

Lamm-Burra

Ergibt 12 Stück

- 12 Lammkoteletts mit Rippen, je 3–4 cm dick, Knochen abgeschabt und Fleisch am Rand mehrmals eingeschnitten
- Pflanzenöl, zum Einfetten
- 40 g Ghee oder Butter, zerlassen
- frisch gehackter Koriander

Tandoori-Marinade

- 300 g Naturjoghurt, mindestens 2 Stunden auf Käseleinen abgetropft, oder 200 g griechischer Joghurt
- 2 große Knoblauchzehen, fein gehackt
- ½ EL frisch geriebener Ingwer
- 1 TL Zimt
- 1 TL gemahlener Kreuzkümmel
- ½ TL gemahlener Koriander
- ½ TL Cayennepfeffer, oder nach Belieben
- 1 Prise gemahlene Gewürznelken
- 1 Prise gemahlene Kurkuma
- Salz und Pfeffer

1 Alle Zutaten für die Marinade sowie etwas Salz und Pfeffer in einen Gefrierbeutel füllen, der groß genug für alle Lammkoteletts ist, und gut vermischen. Die Koteletts zufügen, den Beutel verschließen und das Fleisch 4–24 Stunden marinieren.

2 Eine Grillpfanne mit Öl einfetten. Die Lammkoteletts aus der Marinade nehmen und die Knochen abwischen. Die Koteletts in die Grillpfanne legen und mit der Hälfte des Ghee beträufeln.

3 Das Fleisch 10 Minuten grillen, dann wenden und mit dem restlichen Ghee beträufeln. Weitere 8 Minuten (medium) oder 10 Minuten (durchgegart) grillen. Mindestens 2 Minuten ruhen lassen. Mit frischem Koriander bestreuen und servieren. Die Lammkoteletts können auch kalt gegessen werden.

Schweinefleisch in Tamarindensauce

Für 6 Personen

- 50 g getrocknete Tamarinde, grob gehackt
- 500 ml kochendes Wasser
- 2 frische grüne Chillies, entkernt und grob gehackt
- 2 Zwiebeln, grob gehackt
- 2 Knoblauchzehen, grob gehackt
- 1 Zitronengrasstängel (nur der weiße Teil), grob gehackt
- 2 EL Ghee oder Pflanzenöl
- 1 EL gemahlener Koriander
- 1 TL gemahlene Kurkuma
- 1 TL gemahlener Kardamom
- 1 TL Chilipulver
- 1 TL Ingwerpaste
- 1 Zimtstange
- 1 kg Schweinefilet, gewürfelt
- 1 EL frisch gehackter Koriander

Zum Garnieren

- frische Korianderblätter
- frische rote Chiliringe

1 Die getrocknete Tamarinde in einer kleinen Schüssel mit dem kochenden Wasser übergießen und gut umrühren. 30 Minuten einweichen.

2 Das Einweichwasser durch ein Sieb in eine Schüssel abseihen und die Tamarinde mit dem Rücken eines Holzlöffels ausdrücken. Die Fruchtreste wegwerfen. 1 Esslöffel des Tamarindensuds mit grünen Chillies, Zwiebeln, Knoblauch und Zitronengras in einer Küchenmaschine fein pürieren.

3 Das Ghee in einem großen, schweren Topf erhitzen. Gemahlenen Koriander, Kurkuma, Kardamom, Chilipulver, Ingwerpaste, Zimtstange und das Chili-Zwiebel-Püree darin unter Rühren 2 Minuten anrösten, bis die Gewürze zu duften beginnen.

4 Das Fleisch zugeben und unter ständigem Rühren braten, bis es mit der Gewürzmischung überzogen und rundum leicht angebräunt ist. Den verbliebenen Tamarindensud zugießen, zum Kochen bringen und dann bei reduzierter Hitze abgedeckt 30 Minuten köcheln lassen. Den Deckel abnehmen und alles weitere 30 Minuten köcheln lassen, bis das Fleisch gar ist. Dann den gehackten Koriander unterrühren. Mit Korianderblättern und roten Chiliringen garniert sofort servieren.

Vindaloo-Curry

Für 4–6 Personen

- 4 EL Senföl
- 2 große Zwiebeln, fein gehackt
- 6 Lorbeerblätter
- 6 Gewürznelken
- 6 Knoblauchzehen, gehackt
- 3 grüne Kardamomkapseln, leicht zerdrückt
- ½ frische rote Chili, gehackt
- 2 EL gemahlener Kreuzkümmel
- ½ TL Salz
- ½ TL gemahlene Kurkuma
- 2 EL Apfelessig
- 2 EL Wasser
- 1 EL Tomatenmark
- 700 g Schweineschulter ohne Knochen, von Fett und Sehnen befreit und in 5 cm große Würfel geschnitten

1 Das Öl in einer großen Pfanne oder einem Bräter mit dicht schließendem Deckel stark erhitzen. Die Pfanne vom Herd nehmen und das Öl vollständig abkühlen lassen.

2 Das Öl erneut auf mittlerer Stufe erhitzen und die Zwiebeln darin unter häufigem Rühren 5–8 Minuten glasig dünsten.

3 Lorbeerblätter, Gewürznelken, Knoblauch, Kardamomkapseln, Chili, Kreuzkümmel, Salz, Kurkuma und 1 Esslöffel Essig zugeben und alles gut verrühren. Das Wasser unterrühren, die Pfanne abdecken und die Mischung 1 Minute köcheln lassen, bis das Wasser eingekocht ist und das Fett sich absondert.

4 Das Tomatenmark in dem restlichen Essig auflösen, in die Pfanne geben und unterrühren. Das Schweinefleisch zugeben und untermengen.

5 Gerade so viel Wasser zugeben, dass das Schweinefleisch bedeckt ist. Alles zum Kochen bringen. Die Hitze auf niedrigste Stufe reduzieren, den Deckel auflegen und das Gericht 40–60 Minuten köcheln lassen, bis das Fleisch gar ist.

6 Falls am Ende zu viel Flüssigkeit in der Pfanne bleibt, das Fleisch mit einem Schaumlöffel aus der Pfanne heben und die Flüssigkeit bei starker Hitze auf die gewünschte Menge einkochen. Das Schweinefleisch anschließend noch einmal zugeben und erwärmen. Erneut abschmecken.

Gebratenes Schweinefleisch mit Gemüse

Für 4–6 Personen

- 40 g Ghee oder
  3 EL Pflanzen- bzw. Erdnussöl
- 1 große Zwiebel, fein gehackt
- 4 grüne Kardamomkapseln
- 3 Gewürznelken
- 1 Zimtstange
- 1 EL Knoblauch-Ingwer-Paste (siehe Seite 11)
- 2 TL Garam masala
- ¼–½ TL Chilipulver
- ½ TL Asant
- 2 TL Salz
- 600 g mageres Schweinehackfleisch
- 1 Kartoffel mit Schale, klein gewürfelt
- 400 g gehackte Tomaten aus der Dose
- 125 ml Wasser
- 1 Lorbeerblatt
- 1 große Karotte, grob geraspelt

1 Das Ghee in einer großen Pfanne oder einem Bräter mit dicht schließendem Deckel bei mittlerer Hitze zerlassen. Die Zwiebel darin unter gelegentlichem Rühren 5–8 Minuten anbraten, bis sie gebräunt ist. Kardamomkapseln, Gewürznelken und Zimtstange zugeben und unter Rühren 1 Minute braten, bis die Gewürze zu duften beginnen.

2 Knoblauch-Ingwer-Paste, Garam masala, Chilipulver, Asant und Salz zufügen und alles 1 weitere Minute garen. Das Hackfleisch zugeben und etwa 5 Minuten anbraten, bis es gebräunt ist. Dabei mit einem Holzlöffel die Klümpchen zerdrücken.

3 Kartoffel, Tomaten samt Saft, Wasser und Lorbeerblatt zufügen und unter Rühren zum Kochen bringen. Die Hitze auf niedrigste Stufe reduzieren, den Deckel auflegen und alles 15 Minuten köcheln lassen. Die Karotte unterrühren und alles weitere 5 Minuten köcheln lassen, bis Kartoffel und Karotte weich sind. Nochmals abschmecken und sofort servieren.

Rotes Schweinefleischcurry

Für 4 Personen

- 2 EL Pflanzen- oder Erdnussöl
- 1 Zwiebel, grob gehackt
- 2 Knoblauchzehen, gehackt
- 500 g Schweinefilet, in dicke Streifen geschnitten
- 1 rote Paprika, gewürfelt
- 175 g Champignons, geviertelt
- 2 EL rote Thai-Currypaste (siehe Seite 10)
- 120 g Kokoscreme, gewürfelt
- 300 ml heiße Fleisch- oder Gemüsebrühe
- 2 EL Sojasauce
- 4 Tomaten, gehäutet, entkernt und gehackt
- 1 Handvoll frischer Koriander, gehackt

1 Das Öl in einem Wok oder einer großen Pfanne erhitzen. Zwiebel und Knoblauch darin 1–2 Minuten weich dünsten, aber nicht bräunen.

2 Das Fleisch zufügen und unter Wenden 3 Minuten rundum anbräunen. Paprika, Champignons und Currypaste zugeben und alles gut verrühren.

3 Die Kokoscreme in der heißen Brühe auflösen und mit der Sojasauce in den Wok geben. Alles kurz aufkochen und dann bei reduzierter Hitze 4–5 Minuten eindicken lassen.

4 Tomaten und Koriander zufügen und 1–2 Minuten köcheln lassen. Sofort servieren.

Burmesisches Schweinefleischcurry

Für 4 Personen

- 700 g Schweinekeule ohne Knochen, in 2,5 cm große Würfel geschnitten
- 2 EL trockener Weißwein
- 1 TL Salz, oder nach Belieben
- 8 große Knoblauchzehen, grob gehackt
- 5-cm-Stück frischer Ingwer, grob gehackt
- 2 frische rote Chillies, grob gehackt
- 1 große Zwiebel, grob gehackt
- 1 TL gemahlene Kurkuma
- ½–1 TL Chilipulver
- 3 EL Erdnussöl
- 1 EL Sesamöl
- 200 ml warmes Wasser
- 1 frische grüne Chili, entkernt und in feine Streifen geschnitten, zum Garnieren
- frisch gekochter Basmatireis, zum Servieren

1 Fleisch, Wein und Salz in einer Schüssel mischen, mit Frischhaltefolie abdecken und 1 Stunde in den Kühlschrank stellen.

2 Knoblauch, Ingwer, Chillies und Zwiebel in der Küchenmaschine pürieren. In eine Schüssel geben und mit Kurkuma und Chilipulver verrühren.

3 Beide Ölsorten in einer Pfanne auf mittlerer Stufe erhitzen und die Gewürzpaste darin 5–6 Minuten unter Rühren andünsten. Die Hitze reduzieren und die Paste weitere 8–10 Minuten dünsten, dabei von Zeit zu Zeit mit etwas Wasser besprenkeln, damit die Paste nicht am Pfannenboden haften bleibt oder anbrennt.

4 Das Schweinefleisch zufügen und die Hitze etwas erhöhen. Das Fleisch rundum anbräunen. Das warme Wasser zugießen und zum Kochen bringen. Die Hitze etwas reduzieren und die Pfanne abdecken. Das Fleisch etwa 1 Stunde 10 Minuten köcheln lassen; dabei während der letzten 15–20 Minuten gelegentlich umrühren, damit die angedickte Sauce nicht anbrennt. Vom Herd nehmen, das Gericht auf Servierteller oder -schalen verteilen und mit den Chilistreifen garnieren. Sofort mit Reis servieren.

Geflügel

Tikka-Masala-Hühnchen

Für 4–6 Personen

- 400 g gehackte Tomaten aus der Dose
- 300 g Crème double
- 1 gegartes Tandoori-Hühnchen (siehe Seite 90), in 8 Stücke zerteilt
- Salz und Pfeffer
- frisch gehackter Koriander, zum Garnieren
- frisch gekochter Basmatireis, zum Servieren

Tikka Masala

- 30 g Ghee oder 2 EL Pflanzen- bzw. Erdnussöl
- 1 große Knoblauchzehe, fein gehackt
- 1 frische rote Chili, entkernt und gehackt
- 2 TL gemahlener Kreuzkümmel
- 2 TL Paprikapulver
- ½ TL Salz
- Pfeffer

1 Für das Tikka Masala das Ghee abgedeckt in einer großen Pfanne auf mittlerer Stufe erhitzen. Knoblauch und Chili darin 1 Minute pfannenrühren. Kreuzkümmel, Paprikapulver und Salz sowie Pfeffer nach Geschmack zugeben und alles weitere 30 Sekunden pfannenrühren.

2 Tomaten samt Saft und Crème double unterrühren. Die Hitze reduzieren und die Sauce 10 Minuten unter häufigem Rühren eindicken lassen.

3 Inzwischen die Knochen des Hühnchens entfernen und das Fleisch in mundgerechte Stücke schneiden.

4 Bei Bedarf die Sauce nachwürzen. Das Fleisch in die Pfanne geben, abdecken und 3–5 Minuten köcheln lassen, bis es durchgewärmt ist. Mit gehacktem Koriander garnieren und sofort mit Reis servieren.

Jalfresi-Hühnchen

Für 4 Personen

- ½ TL Kreuzkümmelsamen
- ½ TL Koriandersamen
- 1 TL Senföl
- 3 EL Pflanzenöl
- 1 große Zwiebel, fein gehackt
- 3 Knoblauchzehen, zerdrückt
- 1 EL Tomatenmark
- 2 Tomaten, gehäutet und gehackt
- 1 TL gemahlene Kurkuma
- ½ TL Chilipulver
- ½ TL Garam masala
- 1 TL Rotweinessig
- 1 kleine rote Paprika, gehackt
- 125 g dicke Bohnen, Tiefkühlware aufgetaut
- 500 g gegartes Hühnerfleisch, in mundgerechte Stücke geschnitten
- Salz
- frische Korianderstängel, zum Garnieren
- frisch gekochter Reis, zum Servieren

1 Kreuzkümmel- und Koriandersamen in einem Mörser zerstoßen und beiseitestellen. Das Senföl in einer großen Pfanne etwa 1 Minute sehr stark erhitzen, dann das Pflanzenöl zugeben. Die Hitze reduzieren, Zwiebel und Knoblauch zufügen und 10 Minuten goldbraun anbraten.

2 Tomatenmark, Tomaten, Kurkuma, zerstoßene Samen, Chilipulver, Garam masala und Essig zugeben und unter Rühren garen, bis die Gewürze zu duften beginnen.

3 Paprika und Bohnen in die Pfanne geben und 2 Minuten unter Rühren dünsten, bis die Paprika weich ist. Das Hühnerfleisch zufügen und gut mit den anderen Zutaten vermischen. Mit Salz abschmecken. Alles weitere 6–8 Minuten leicht kochen, bis das Fleisch vollständig erhitzt ist und die Bohnen gar sind. Das fertige Gericht mit Korianderstängeln garnieren und mit gekochtem Reis servieren.

Grünes Hühnchencurry

Für 4 Personen

- 2 EL Pflanzen- oder Erdnussöl
- 4 Frühlingszwiebeln, grob gehackt
- 2 EL grüne Thai-Currypaste (siehe Seite 10)
- 700 ml Kokosmilch
- 1 Hühnerbrühwürfel
- 6 Hähnchenbrustfilets, in 2,5 cm große Würfel geschnitten
- 1 große Handvoll frischer Koriander, gehackt
- 1 TL Salz
- frisch gekochter Reis, zum Servieren

1 Das Öl in einem vorgeheizten Wok erhitzen und die Frühlingszwiebeln darin bei mittlerer bis starker Hitze 30 Sekunden unter Rühren andünsten, bis sie weich sind.

2 Currypaste, Kokosmilch und Brühwürfel zufügen und die Mischung unter gelegentlichem Rühren sanft zum Kochen bringen.

3 Hähnchenbrustfilets, die Hälfte des Korianders und Salz zugeben und alles sorgfältig vermischen. Die Hitze reduzieren und das Curry 8–10 Minuten sanft köcheln lassen, bis das Fleisch durchgegart und zart ist.

4 Den restlichen Koriander untermischen und das Gericht sofort mit Reis servieren.

Hühnchen-Korma

Für 4 Personen

- 1 Hähnchen (etwa 1,3 kg)
- 250 g Ghee oder Butter
- 3 Zwiebeln, in dünne Ringe geschnitten
- 1 Knoblauchzehe, zerdrückt
- 2,5-cm-Stück frischer Ingwer, gerieben
- 1 TL mildes Chilipulver
- 1 TL gemahlene Kurkuma
- 1 TL gemahlener Koriander
- ½ TL gemahlener Kardamom
- ½ TL Zimt
- ½ TL Salz
- 1 EL Kichererbsenmehl
- 125 ml Milch
- 500 g Crème double
- frische Korianderblätter, zum Garnieren
- frisch gekochter Reis, zum Servieren

1 Das Hähnchen in einen großen Topf geben, mit Wasser bedecken und zum Kochen bringen. Die Hitze reduzieren und das Hähnchen abgedeckt 30 Minuten köcheln lassen. Vom Herd nehmen, das Hähnchen aus dem Topf heben und abkühlen lassen. 120 ml des Kochsuds zum Abkühlen beiseitestellen. Haut und Knochen des Hähnchens komplett entfernen und das Fleisch in mundgerechte Stücke schneiden.

2 Das Ghee in einer großen Pfanne bei mittlerer Hitze zerlassen. Zwiebeln und Knoblauch darin 3 Minuten glasig dünsten. Ingwer, Chilipulver, Kurkuma, gemahlenen Koriander, Kardamom, Zimt und Salz zufügen und alles weitere 5 Minuten dünsten. Hühnerfleisch sowie abgekühlten Kochsud zugeben und 2 Minuten erhitzen.

3 Das Kichererbsenmehl mit ein wenig Milch glatt rühren und in die Pfanne geben, dann die restliche Milch zugießen. Unter Rühren aufkochen, dann die Hitze reduzieren und alles abgedeckt 25 Minuten köcheln lassen. Die Crème double unterrühren, die Pfanne abdecken und das Gericht weitere 15 Minuten köcheln lassen.

4 Mit Korianderblättern garnieren und mit frisch gekochtem Reis servieren.

Hühnchen nach Balti-Art

Für 6 Personen

- 3 EL Ghee oder Pflanzenöl
- 2 große Zwiebeln, in Ringe geschnitten
- 3 Tomaten, in Scheiben geschnitten
- ½ TL schwarze Zwiebelsamen
- 4 schwarze Pfefferkörner
- 2 Kardamomkapseln
- 1 Zimtstange
- 1 TL Chilipulver
- 1 TL Garam masala
- 2 TL Knoblauch-Ingwer-Paste (siehe Seite 11)
- Salz
- 700 g Hähnchenbrustfilet oder Hähnchenoberschenkel ohne Knochen, gewürfelt
- 2 EL Naturjoghurt
- 2 EL frisch gehackter Koriander, plus einige Stängel zum Garnieren
- 2 frische grüne Chillies, entkernt und fein gehackt
- 2 EL Limettensaft

1 Das Ghee in einer großen Pfanne erhitzen und die Zwiebeln darin bei geringer Hitze unter gelegentlichem Rühren 10 Minuten andünsten, bis sie goldbraun sind. Tomaten, Zwiebelsamen, Pfeffer, Kardamomkapseln, Zimtstange, Chilipulver, Garam masala und Knoblauch-Ingwer-Paste zugeben und mit Salz abschmecken. Unter ständigem Rühren 5 Minuten dünsten.

2 Das Fleisch zufügen und unter ständigem Rühren 5 Minuten anbraten, bis die Fleischwürfel mit der Gewürzpaste überzogen sind. Den Joghurt unterrühren, dann das Gericht bei geschlossenem Deckel unter gelegentlichem Rühren etwa 10 Minuten garen.

3 Gehackten Koriander, Chillies und Limettensaft unterrühren. Das fertige Gericht in eine vorgewärmte Servierschüssel geben, mit Korianderstängeln garnieren und sofort servieren.

Hühnchen-Tomaten-Curry

Für 4 Personen

- 700 g Hähnchenoberschenkel ohne Haut und Knochen, in 2,5 cm große Würfel geschnitten
- Saft von 1 Limette
- 1 TL Salz, oder nach Belieben
- 4 EL Sonnenblumenöl
- 1 große Zwiebel, fein gehackt
- 4 TL Knoblauch-Ingwer-Paste (siehe Seite 11)
- ½ TL gemahlene Kurkuma
- ½–1 TL Chilipulver
- 1 EL gemahlener Koriander
- 425 g gehackte Tomaten aus der Dose
- 125 ml lauwarmes Wasser
- 1 EL getrocknete Bockshornkleeblätter
- ½ TL Garam masala
- 2 EL frisch gehackte Korianderblätter
- 2–4 frische grüne Chillies
- Naan-Brot, zum Servieren

1 Das Hühnerfleisch in eine nicht metallische Schüssel geben, mit Limettensaft und Salz einreiben und abgedeckt 30 Minuten ziehen lassen.

2 Einen Wok bei mittlerer bis starker Hitze vorheizen und das Öl darin erhitzen. Die Zwiebel zugeben und 7–8 Minuten unter Rühren anbräunen.

3 Die Knoblauch-Ingwer-Paste zufügen und unter Rühren etwa 1 Minute anbraten. Kurkuma, Chilipulver und gemahlenen Koriander einrühren und bei reduzierter Hitze 25–30 Sekunden anbraten. Die Hälfte der Tomaten zugeben und 3–4 Minuten pfannenrühren. Dann die restlichen Tomaten zufügen und weiterrühren, bis der Tomatensaft verkocht ist und das Öl sich von der Gewürzmischung absetzt.

4 Das Fleisch untermischen und bei starker Hitze 4–5 Minuten pfannenrühren. Mit dem Wasser ablöschen. Die Hitze auf mittlere bis niedrige Stufe reduzieren und alles 8–10 Minuten köcheln lassen, bis die Sauce eingedickt und das Fleisch gar ist.

5 Bockshornkleeblätter, Garam masala, die Hälfte der Korianderblätter und Chillies untermischen und 1–2 Minuten garen. Das Curry in eine Servierschüssel füllen, mit den restlichen Korianderblättern garnieren und sofort mit Naan-Brot servieren.

Butter Chicken

Für 4–6 Personen

- 1 Zwiebel, gehackt
- 1½ EL Knoblauch-Ingwer-Paste (siehe Seite 11) .
- 400 g gehackte Tomaten aus der Dose
- ¼–½ TL Chilipulver
- 1 Prise Zucker
- Salz und Pfeffer
- 30 g Ghee oder 2 EL Pflanzen- bzw. Erdnussöl
- 125 ml Wasser
- 1 EL Tomatenmark
- 40 g Butter, gewürfelt
- ½ TL Garam masala
- ½ TL gemahlener Kreuzkümmel
- ½ TL gemahlener Koriander
- 8 gegarte Tandoori-Hühnchenteile
- 4 EL Crème double

Zum Garnieren

- gehackte Cashewkerne
- frische Korianderstängel

1 Zwiebel und Knoblauch-Ingwer-Paste in einer Küchenmaschine oder mit einem Stabmixer zu einer glatten Paste verarbeiten. Tomaten, Chilipulver, Zucker und eine Prise Salz zufügen und weiterpürieren.

2 Das Ghee in einem Wok oder einer großen Pfanne bei mittlerer bis starker Hitze zerlassen. Tomatenmischung und Wasser zugeben und das Tomatenmark einrühren.

3 Unter Rühren zum Kochen bringen, dann die Hitze reduzieren und alles unter gelegentlichem Rühren 5 Minuten köcheln lassen, bis die Sauce eindickt.

4 Die Hälfte der Butter, Garam masala, Kreuzkümmel und gemahlenen Koriander unterrühren. Die Hühnchenteile zufügen, in der Sauce wenden und 10 Minuten köcheln lassen, bis sie heiß sind. Mit Salz und Pfeffer abschmecken.

5 Die Crème double in einer kleinen Schüssel leicht aufschlagen und ein paar Esslöffel heiße Sauce unterrühren. Dann die Crème double unter die Tomatensauce ziehen. Anschließend die restliche Butter in die Sauce einarbeiten. Das Butter Chicken mit gehackten Cashewkernen und Korianderstängeln garnieren und direkt aus dem Wok servieren.

Hühnchencurry aus Sri Lanka

Für 4 Personen

- 700 g Hähnchenbrustfilet, in 5 cm große Würfel geschnitten
- 1 TL Salz, oder nach Belieben
- 2 EL Weißweinessig
- 2 TL Koriandersamen
- 1 TL Kreuzkümmelsamen
- 2,5-cm-Stück Zimtstange, halbiert
- 4 Gewürznelken
- 4 grüne Kardamomkapseln
- 6 Bockshornkleesamen
- 4 getrocknete rote Chillies, grob gehackt
- 10–12 Curryblätter
- 4 EL Sonnenblumenöl
- 1 große Zwiebel, fein gehackt
- 4 TL Knoblauch-Ingwer-Paste (siehe Seite 11)
- 1 TL gemahlene Kurkuma
- ½ TL Chilipulver
- 1 Zitronengrasstängel, fein gehackt
- 200 g gehackte Tomaten aus der Dose
- 150 ml warmes Wasser
- 50 g Kokoscreme, in kleine Stücke geschnitten
- frisch gekochter Basmatireis, zum Servieren

1 Hühnerfleisch, Salz und Essig in eine große Schüssel geben und gut vermengen. Mit Frischhaltefolie abdecken und 30 Minuten in den Kühlschrank stellen.

2 Eine kleine Pfanne auf mittlerer Stufe erhitzen. Koriander- und Kreuzkümmelsamen, Zimtstange, Gewürznelken, Kardamomkapseln, Bockshornkleesamen, Chillies und Curryblätter darin rösten, bis die Gewürze gebräunt, aber nicht schwarz sind. Vom Herd nehmen und abkühlen lassen. In eine Gewürzmühle oder einen Mörser geben und fein mahlen. Beiseitestellen.

3 Das Öl in einem mittelgroßen Topf erhitzen und die Zwiebel darin bei mittlerer Hitze glasig dünsten. Die Knoblauch-Ingwer-Paste zufügen und 2 Minuten anbraten.

4 Kurkuma, Chilipulver, Fleisch und die gemahlenen Gewürze zugeben. Alles gut vermischen, dann Zitronengras, Tomaten und warmes Wasser unterrühren. Zum Kochen bringen, die Hitze reduzieren und den Topf abdecken. Alles 25 Minuten köcheln lassen.

5 Die Kokoscreme zugeben und so lange rühren, bis sie sich aufgelöst hat. Das Gericht weitere 7–8 Minuten köcheln lassen, dann den Topf vom Herd nehmen. Sofort mit Reis servieren.

Rotes Thai-Hühnchen-Curry

Für 2–4 Personen

- 6 Knoblauchzehen, gehackt
- 2 frische rote Chillies, gehackt
- 2 EL frisch gehacktes Zitronengras
- 1 TL fein abgeriebene Limettenschale
- 1 EL frisch gehackte Kaffir-Limettenblätter
- 1 EL rote Thai-Currypaste (siehe Seite 10)
- 1 EL Koriandersamen, geröstet und zerstoßen
- 1 EL Chiliöl
- 4 Hähnchenbrustfilets, in Streifen geschnitten
- 300 ml Kokosmilch
- 300 ml Hühnerbrühe
- 1 EL Sojasauce
- 60 g ungesalzene Erdnüsse, geröstet und gemahlen
- 3 Frühlingszwiebeln, in Ringe geschnitten
- 1 rote Paprika, in Streifen geschnitten
- 3 Thai-Auberginen, in Scheiben geschnitten
- frisch gehackter Koriander, zum Garnieren
- frisch gekochter Reis, zum Servieren

1 Knoblauch, Chillies, Zitronengras, Limettenschale, Limettenblätter, Currypaste und Koriandersamen im Mixer glatt pürieren.

2 Einen Wok bei mittlerer bis starker Hitze vorheizen, dann das Öl zugeben und erhitzen. Das Fleisch zufügen und 5 Minuten unter Rühren anbraten. Kokosmilch, Brühe und Sojasauce zugießen und zum Kochen bringen. Die Hitze reduzieren und alles unter Rühren weitere 3 Minuten garen. Die Erdnüsse untermischen und 20 Minuten köcheln lassen.

3 Frühlingszwiebeln, Paprika und Auberginen zugeben und unter gelegentlichem Rühren 10 Minuten köcheln lassen. Mit gehacktem Koriander garnieren und sofort mit frisch gekochtem Reis servieren.

Chilihühnchen

Für 4 Personen

- 750 g Hähnchenoberschenkel
- 3 EL Zitronensaft
- 1 TL Salz, oder nach Belieben
- 5 große Knoblauchzehen, grob gehackt
- 5-cm-Stück frischer Ingwer, grob gehackt
- 1 Zwiebel, grob gehackt
- 2 frische rote Chillies, grob gehackt
- 4 EL Erdnussöl
- 1 TL gemahlene Kurkuma
- ½ TL Chilipulver
- 150 ml warmes Wasser
- 3–4 frische grüne Chillies
- frisch gekochter Basmatireis, zum Servieren

1 Hähnchenschenkel, Zitronensaft und Salz in eine große Schüssel geben und gut vermengen. Mit Frischhaltefolie abgedeckt 30 Minuten in den Kühlschrank stellen.

2 In der Zwischenzeit Knoblauch, Ingwer, Zwiebel und rote Chillies in einer Küchenmaschine fein pürieren. Falls die Paste zu fest wird, etwas Wasser zufügen, damit sie sich besser pürieren lässt.

3 Das Öl in einer großen beschichteten Pfanne auf mittlerer Stufe erhitzen. Die Hähnchenschenkel darin in 2 Portionen rundum anbräunen. Auf Küchenpapier abtropfen lassen.

4 Gewürzpaste, Kurkuma und Chilipulver in die Pfanne geben und 5–6 Minuten unter Rühren anbraten.

5 Hähnchenschenkel und warmes Wasser zugeben. Zum Kochen bringen, dann die Hitze reduzieren und alles abgedeckt etwa 20 Minuten köcheln lassen. Die Hitze etwas erhöhen und alles weitere 8–10 Minuten köcheln lassen; dabei darauf achten, dass die angedickte Sauce nicht anbrennt.

6 Den Deckel abnehmen und alles so lange köcheln lassen, bis die Sauce eine pastenähnliche Konsistenz erreicht hat; dabei weiterhin regelmäßig rühren. Die grünen Chillies zufügen und das Gericht weitere 2–3 Minuten garen. Vom Herd nehmen und sofort mit Reis servieren.

Vietnamesisches Hühnchencurry

Für 6 Personen

- 2 Zitronengrasstängel
- 50 ml Pflanzenöl
- 3 große Knoblauchzehen, zerdrückt
- 1 große Schalotte, in feine Ringe geschnitten
- 2 EL indisches Currypulver
- 700 ml Kokosmilch
- 500 ml Kokoswasser oder Hühnerbrühe
- 2 EL Fischsauce
- 4 frische rote Vogelaugen-chillies
- 6 Kaffir-Limettenblätter
- 6 Hähnchenoberschenkel ohne Knochen oder Hähnchenbrustfilets (à ca. 200 g), in 5 cm große Stücke geschnitten
- 1 große weiße Yamswurzel oder Süßkartoffel, in 2,5 cm große Würfel geschnitten
- 2 Thai-Auberginen, in 2,5 cm große Würfel geschnitten
- 250 g Prinzessbohnen
- 2 Karotten, in 1 cm dicke Scheiben geschnitten
- frische Thai-Basilikumblätter, zum Garnieren
- frisch gekochter Jasminreis, zum Servieren

1 Die äußeren Blätter und den Wurzelansatz der Zitronengrasstängel entfernen und den unteren weißen Teil in feine Ringe schneiden.

2 Das Öl in einem Wok oder einem großen Topf erhitzen. Knoblauch und Schalotte darin goldgelb dünsten. Zitronengras und Currypulver zufügen und 2 Minuten dünsten, bis das Currypulver anfängt zu duften. Mit Kokosmilch, Kokoswasser und Fischsauce ablöschen.

3 Chillies und Limettenblätter zugeben und zum Kochen bringen. Dann die Hitze reduzieren und Hühnerfleisch, Yamswurzel, Auberginen, Bohnen und Karotten zufügen. Den Topf abdecken und das Gericht etwa 20–30 Minuten köcheln lassen, bis Fleisch und Gemüse gar sind.

4 Mit Basilikumblättern garnieren und mit Reis servieren.

Hähnchenbrust in Kokosmilch

Für 4 Personen

- 1 kleine Zwiebel, gehackt
- 1 frische grüne Chili, entkernt und gehackt
- 2,5-cm-Stück frischer Ingwer, gehackt
- 2 TL gemahlener Koriander
- 1 TL gemahlener Kreuzkümmel
- 1 TL Fenchelsamen
- 1 TL gemahlener Sternanis
- 1 TL Kardamomkapseln
- ½ TL gemahlene Kurkuma
- ½ TL schwarze Pfefferkörner
- ½ TL gemahlene Gewürznelken
- 600 ml Kokosmilch
- 4 Hähnchenbrustfilets
- Pflanzenöl, zum Bestreichen
- frische Korianderblätter, zum Garnieren

1 Zwiebel, Chili, Ingwer, gemahlenen Koriander, Kreuzkümmel, Fenchelsamen, Sternanis, Kardamomkapseln, Kurkuma, Pfefferkörner, Gewürznelken und 450 ml Kokosmilch in einen Mixer geben und zu einer glatten Masse verarbeiten. Falls nötig, noch mehr Kokosmilch zufügen.

2 Die Hähnchenbrustfilets mit einem scharfen Messer mehrmals einritzen und nebeneinander in eine flache, nicht metallische Form legen. Mit der Hälfte der Kokosmischung überziehen und darin wenden. Mit Frischhaltefolie abgedeckt mindestens 1 und höchstens 8 Stunden im Kühlschrank marinieren.

3 Eine Grillpfanne erhitzen und leicht mit Öl einfetten. Die Hähnchenbrustfilets darin, falls nötig portionsweise, 6–7 Minuten von jeder Seite braten, bis sie gar sind.

4 In der Zwischenzeit die restliche Kokosmischung in einem Topf unter gelegentlichem Rühren zum Kochen bringen. Die Hähnchenbrustfilets auf eine Servierplatte geben, mit etwas heißer Kokossauce übergießen und mit frischen Korianderblättern garnieren. Sofort servieren.

Hühnchen-Pilz-Pfanne

Für 4–6 Personen

- 2 EL Pflanzen- oder Erdnussöl
- 2 Hähnchenbrustfilets
- 1 rote Zwiebel, in Ringe geschnitten
- 2 Knoblauchzehen, fein gehackt
- 2,5-cm-Stück frischer Ingwer, gerieben
- 120 g kleine Champignons
- 120 g Shiitake-Pilze, halbiert
- 120 g braune Champignons, in Scheiben geschnitten
- 2–3 EL grüne Thai-Currypaste (siehe Seite 10)
- 2 EL Sojasauce
- 4 EL frisch gehackte Petersilie
- frisch gekochte Nudeln, zum Servieren

1 Das Öl in einem Wok erhitzen und die Hähnchenbrustfilets darin rundum anbräunen. Auf einen Teller geben und in Streifen schneiden. Beiseitestellen.

2 Zwiebel, Knoblauch und Ingwer in den Wok geben und 1–2 Minuten unter Rühren dünsten. Die Pilze zufügen und 2–3 Minuten pfannenrühren, bis sie etwas anbräunen.

3 Currypaste, Sojasauce und Fleischstreifen zufügen und 1–2 Minuten unter Rühren garen. Zum Schluss die Petersilie unterrühren und das Gericht sofort mit Nudeln servieren.

Hühnchencurry mit Spinat

Für 4 Personen

- 30 g Butter
- 4 EL Olivenöl
- 1 Zwiebel, fein gehackt
- 2 Knoblauchzehen, fein gehackt
- 1 EL frisch gehackter Ingwer
- 1 frische grüne Chili, entkernt und fein gehackt
- 1 Selleriestange, fein gehackt
- 400 g gehackte Tomaten aus der Dose
- 2 EL Tomatenmark
- brauner Zucker, zum Abschmecken
- ½ TL gemahlener Kreuzkümmel
- ½ TL gemahlener Koriander
- ½ TL gemahlene Kurkuma
- ¼ TL Garam masala
- 100 ml Wasser
- Salz und Pfeffer
- 600 g Hühnerfleisch, gewürfelt
- 150 g Crème double
- 200 g Babyspinat
- warmes Naan-Brot, zum Servieren

1 Die Butter mit 2 Esslöffel Öl in einem Topf zerlassen. Zwiebel, Knoblauch, Ingwer, Chili und Sellerie darin bei geringer Hitze 5 Minuten unter Rühren weich dünsten. Tomaten, Tomatenmark, Zucker nach Geschmack, Gewürze und Wasser einrühren. Die Mischung mit Salz und Pfeffer würzen und bei mittlerer Hitze zum Kochen bringen. Dann bei reduzierter Hitze unter gelegentlichem Rühren 15–20 Minuten köcheln lassen, bis die Sauce eindickt.

2 Unterdessen das restliche Öl in einer Pfanne erhitzen. Das Fleisch darin bei mittlerer Hitze unter Rühren 5–7 Minuten rundum leicht anbräunen. Mit einem Schaumlöffel aus der Pfanne heben.

3 Fleisch und Crème double in die Sauce rühren und 6 Minuten köcheln lassen, bis das Fleisch gar und zart ist. Den Spinat zufügen und unter ständigem Rühren 2–4 Minuten erhitzen, bis er zusammenfällt. Das Hähnchencurry erneut aufkochen, dann in eine Servierschüssel geben und sofort mit warmem Naan-Brot servieren.

Hühnchen in gelber Currysauce

Für 4 Personen
- 2 EL Pflanzen- oder Erdnussöl
- 2 Zwiebeln, in Spalten geschnitten
- 2 Knoblauchzehen, fein gehackt
- 2 Hähnchenbrustfilets, in Streifen geschnitten
- 175 g Babymaiskolben, längs halbiert
- Thai-Basilikumstängel, zum Garnieren

Currysauce
- 6 EL gelbe Thai-Currypaste (siehe Seite 10)
- 150 g Naturjoghurt
- 400 ml Wasser
- 1 Handvoll frischer Koriander, gehackt
- 1 Handvoll frische Thai-Basilikumblätter, zerzupft

1 Für die Sauce die Currypaste 2–3 Minuten in einem Wok unter Rühren erhitzen, dann Joghurt, Wasser und Kräuter unterrühren. Kurz aufkochen und 2–3 Minuten köcheln lassen.

2 Inzwischen das Öl in einem Wok erhitzen. Zwiebeln und Knoblauch darin 2–3 Minuten unter Rühren anbraten. Hähnchenbrustfilets und Mais zugeben und unter Rühren 3–4 Minuten braten, bis der Mais weich und das Fleisch durchgegart ist.

3 Die Currysauce zufügen und noch einmal aufkochen. Alles 2–3 Minuten köcheln lassen. Mit den Basilikumstängeln garniert sofort servieren.

Hühnchencurry mit Erdnüssen

Für 4 Personen

- 1 EL Pflanzen- oder Erdnussöl
- 2 rote Zwiebeln, in Ringe geschnitten
- 2 EL Panang-Currypaste
- 400 ml Kokosmilch
- 150 ml Hühnerbrühe
- 4 Kaffir-Limettenblätter, gehackt
- 1 Zitronengrasstängel, fein gehackt
- 6 Hähnchenoberschenkel ohne Haut und Knochen, gewürfelt
- 1 EL thailändische Fischsauce
- 2 EL Sojasauce
- 1 TL Palmzucker oder hellbrauner Zucker
- 50 g ungesalzene Erdnüsse, geröstet und gehackt, plus etwas mehr zum Garnieren
- 170 g frisches Ananasfleisch, in Stücke geschnitten
- 15-cm-Stück Salatgurke, geschält, längs halbiert, entkernt und in dicke Scheiben geschnitten, plus etwas mehr zum Servieren

1 Einen Wok auf mittlerer bis hoher Stufe vorheizen, dann das Öl zugeben und erhitzen. Die Zwiebeln darin 1 Minute pfannenrühren. Die Currypaste zufügen und 1–2 Minuten mitbraten.

2 Kokosmilch und Brühe zugießen. Limettenblätter und Zitronengras zugeben und alles 1 Minute köcheln lassen. Das Hühnerfleisch zufügen, alles vorsichtig aufkochen und 8–10 Minuten bei geringer Hitze köcheln lassen, bis das Fleisch gar ist.

3 Fischsauce, Sojasauce und Zucker unterrühren und 1–2 Minuten mitköcheln lassen. Erdnüsse, Ananas und Gurke untermengen und 30 Sekunden erhitzen. Erdnüsse und Gurkenscheiben darüberstreuen und sofort servieren.

Hühnchen mit Kreuzkümmel

Für 4 Personen

- 700 g Hähnchenoberschenkel ohne Haut und Knochen oder Hähnchenbrustfilet, in 5 cm große Stücke geschnitten
- Saft von 1 Limette
- 1 TL Salz, oder nach Belieben
- 3 EL Sonnenblumenöl
- 1 TL Kreuzkümmelsamen
- 2,5-cm-Stück Zimtstange
- 5 grüne Kardamomkapseln, zerdrückt
- 4 Gewürznelken
- 1 große Zwiebel, fein gehackt
- 4 TL Knoblauch-Ingwer-Paste (siehe Seite 11)
- ½ TL gemahlene Kurkuma
- 2 TL gemahlener Kreuzkümmel
- ½ TL Chilipulver
- 225 g gehackte Tomaten aus der Dose
- 1 EL Tomatenmark
- ½ TL Zucker
- 225 ml lauwarmes Wasser
- ½ TL Garam masala
- 2 EL frisch gehackte Korianderblätter, plus einige Blätter zum Garnieren
- Naan-Brot, zum Servieren

1 Das Hühnerfleisch in eine nicht metallische Schüssel geben, mit Limettensaft und Salz einreiben und abgedeckt 30 Minuten ziehen lassen.

2 Das Öl in einem Wok auf niedriger Stufe erhitzen. Kreuzkümmel, Zimtstange, Kardamomkapseln und Gewürznelken zugeben und 25–30 Sekunden anbraten. Die Zwiebel zufügen und unter häufigem Rühren 5 Minuten dünsten, bis sie weich ist.

3 Die Knoblauch-Ingwer-Paste zugeben und etwa 1 Minute anbraten. Kurkuma, gemahlenen Kreuzkümmel und Chilipulver einstreuen. Dann Tomaten, Tomatenmark und Zucker unterrühren. Bei mittlerer Hitze unter regelmäßigem Rühren einkochen, bis die Masse eine pastenartige Konsistenz bekommt und das Öl sich abgesetzt hat. Etwas Wasser einarbeiten, falls die Masse zu trocken wird.

4 Das Fleisch untermischen und bei mittlerer bis starker Hitze pfannenrühren, bis es seine Farbe verändert. Dann das Wasser einrühren und zum Kochen bringen. Bei mittlerer bis starker Hitze alles 12–15 Minuten köcheln lassen, bis die Sauce eingedickt und das Fleisch gar ist.

5 Garam masala und gehackten Koriander unterrühren. In eine Servierform füllen und mit Korianderblättern garnieren. Sofort mit Naan-Brot servieren.

Tandoori-Hühnchen

Für 4 Personen

- 1 Poularde (ca. 1,5 kg) ohne Haut
- ½ Zitrone
- 1 TL Salz
- 30 g Ghee, zerlassen
- frische Korianderstängel, zum Garnieren

Tandoori-Masala-Paste

- 1 EL Knoblauch-Ingwer-Paste (siehe Seite 11)
- 1 EL Paprikapulver
- 1 TL Zimt
- 1 TL gemahlener Kreuzkümmel
- ½ TL gemahlener Koriander
- ¼ TL Chilipulver, vorzugsweise Kaschmir-Chilipulver
- 1 Prise gemahlene Gewürznelke
- ¼ TL rote Lebensmittelfarbe (nach Belieben)
- einige Tropfen gelbe Lebensmittelfarbe (nach Belieben)
- 200 g Naturjoghurt

Zum Servieren

- frisch gekochter Basmatireis
- Zitronenspalten

1 Für die Tandoori-Masala-Paste Knoblauch-Ingwer-Paste, Gewürze und Lebensmittelfarben in einer Schüssel mit dem Joghurt verrühren. Die Paste kann sofort verwendet oder in einem luftdicht verschlossenen Behälter bis zu 3 Tage im Kühlschrank aufbewahrt werden.

2 Die Poularde mit einem scharfen Messer rundum leicht einschneiden. Dann mit der Zitrone abreiben und das Salz in die Schnitte reiben. Die Poularde in eine tiefe Schüssel legen, die Tandoori-Masala-Paste zugeben und mit den Händen gut über die Poularde verteilen und in die Schnitte einreiben. Die Schüssel mit Frischhaltefolie abdecken und mindestens 4, besser aber bis zu 24 Stunden in den Kühlschrank stellen.

3 Den Backofen auf 200 °C vorheizen. Die Poularde mit der Brust nach oben auf einen Rost mit untergeschobener Fettpfanne legen und mit dem Ghee beträufeln. 45 Minuten backen, dann mit der Fettpfanne aus dem Ofen nehmen und diesen auf die höchste Temperaturstufe schalten.

4 Das Fett aus der Fettpfanne vorsichtig abgießen. Die Poularde zurück in den Ofen geben und weitere 10–15 Minuten backen, bis beim Anstechen der Schenkel klarer Bratensaft austritt und die Tandoori-Masala-Paste knusprig braun ist.

5 Die Poularde 10 Minuten ruhen lassen, dann mit Korianderstängeln garnieren und mit Reis und Zitronenspalten servieren.

Puten-Gemüse-Curry

Für 4 Personen

- 2 TL Sonnenblumenöl
- 1 Zwiebel, gehackt
- 2 Knoblauchzehen, zerdrückt
- 1–2 frische Serrano-Chillies, entkernt und gehackt
- 1 TL gemahlener Kreuzkümmel
- 1 TL gemahlener Koriander
- ½ TL gemahlene Kurkuma
- 1 kleine Aubergine (ca. 225 g), klein gewürfelt
- 225 g Putenbrustfilet, gewürfelt
- 2 Karotten (ca. 175 g), gewürfelt
- 1 kleine rote Paprika, gewürfelt
- 450 ml Hühnerbrühe
- 1 EL frisch gehackter Koriander, zum Garnieren

1 Einen Wok bei mittlerer Hitze vorheizen und das Öl darin erhitzen. Zwiebel, Knoblauch und Chillies zugeben und unter Rühren 2 Minuten anbraten. Sämtliche gemahlenen Gewürze einstreuen und unter Rühren 2 Minuten anbraten.

2 Aubergine und Putenbrustfilet untermischen und unter Rühren 5 Minuten rundum anbräunen. Karotten und Paprika einrühren, mit der Brühe ablöschen und alles zum Kochen bringen. Bei geschlossenem Deckel 20–25 Minuten schmoren, bis das Fleisch gar ist.

3 Das Curry in vorgewärmte Servierschalen füllen, mit dem gehackten Koriander bestreuen und sofort servieren.

Entencurry

Für 4 Personen

- 2 EL Erdnussöl
- 6 EL grüne Thai-Currypaste (siehe Seite 10)
- 1 EL fein gehackter frischer Galgant oder Ingwer
- 4 EL fein gehackte Schalotten
- 2 EL Fischsauce
- 500 ml Hühnerbrühe
- 350 g Entenbrustfilet ohne Haut, in Streifen geschnitten
- 150 g Babyauberginen
- 2 kleine gelbe Zucchini, diagonal in dicke Scheiben geschnitten
- 250 g Bambussprossen aus der Dose, abgespült und abgetropft
- Saft von 1 Limette
- 1 Handvoll frische Thai-Basilikumblätter
- frisch gekochter Jasminreis, zum Servieren

1 Das Öl in einem Wok erhitzen. Currypaste, Galgant und Schalotten darin 1 Minute anbraten, bis die Zutaten zu duften beginnen. Fischsauce und Brühe zugießen und zum Kochen bringen.

2 Entenfleisch, Auberginen und Zucchini zufügen und 3 Minuten köcheln lassen, bis das Gemüse bissfest ist. Die restlichen Zutaten einrühren und alles noch einige Minuten köcheln lassen, bis das Fleisch gar ist.

3 Das Entencurry in Servierschalen füllen und sofort mit gekochtem Reis servieren.

Fisch & Meeresfrüchte

Fischcurry nach Balti-Art

Für 4–6 Personen

- 900 g dicke Fischfilets, z.B. Meerbarbe, Kabeljau, Heilbutt oder Seeteufel, grob gewürfelt
- 2 Lorbeerblätter, zerzupft
- 150 g Ghee oder 150 ml Pflanzen- bzw. Erdnussöl
- 2 große Zwiebeln, gehackt
- ½ TL Salz
- 150 ml Wasser
- frisch gehackter Koriander, zum Garnieren
- Naan-Brot, zum Servieren

Marinade

- ½ EL Knoblauch-Ingwer-Paste (siehe Seite 11)
- 1 frische grüne Chili, entkernt und gehackt
- 1 TL gemahlener Koriander
- 1 TL gemahlener Kreuzkümmel
- ½ TL gemahlene Kurkuma
- ¼–½ TL Chilipulver
- Salz
- 1 EL Wasser

1 Für die Marinade Knoblauch-Ingwer-Paste, gehackte Chili, gemahlenen Koriander, Kreuzkümmel, Kurkuma, Chilipulver und nach Belieben Salz in einer großen Schüssel vermengen. Nach und nach das Wasser unterrühren, sodass eine dünnflüssige Paste entsteht. Die Fischwürfel zugeben und in der Marinade wenden, bis sie gut bedeckt sind. Die Lorbeerblätter unterheben und alles 30 Minuten bis 4 Stunden zum Marinieren in den Kühlschrank stellen.

2 Den Fisch 15 Minuten vor der Zubereitung aus dem Kühlschrank nehmen. Das Ghee in einem Wok bei mittlerer Hitze zerlassen. Die Zwiebeln zugeben, mit dem Salz bestreuen und unter häufigem Rühren 8 Minuten dünsten, bis sie leicht gebräunt sind.

3 Den Fisch mit den Lorbeerblättern in die Pfanne geben und das Wasser vorsichtig unterrühren. Kurz aufkochen, dann sofort die Hitze reduzieren und den Fisch 4–5 Minuten sanft köcheln lassen. Dabei ständig die Sauce über den Fisch löffeln und die Fischwürfel vorsichtig in der Pfanne wenden, bis sie durchgegart sind und leicht zerfallen. Das Gericht nochmals abschmecken, mit gehacktem Koriander garnieren und mit Naan-Brot servieren.

Fisch-Korma

Für 4 Personen

- 700 g Tilapiafilet, in 5 cm große Stücke geschnitten
- 1 EL Zitronensaft
- 1 TL Salz
- 50 g ungesalzene Cashewkerne
- 3 EL Sonnenblumenöl
- 5-cm-Stück Zimtstange, halbiert
- 4 grüne Kardamomkapseln, zerdrückt
- 2 Gewürznelken
- 1 große Zwiebel, fein gehackt
- 1–2 frische grüne Chillies, gehackt
- 4 TL Knoblauch-Ingwer-Paste (siehe Seite 11)
- 150 g Sahne
- 50 g Naturjoghurt
- ¼ TL gemahlene Kurkuma
- ½ TL Zucker
- 1 EL geröstete Mandelblättchen, zum Garnieren
- Naan-Brot, zum Servieren

1 Den Fisch auf einen großen Teller legen und vorsichtig mit Zitronensaft und ½ Teelöffel Salz einreiben. Dann 20 Minuten ziehen lassen. Die Cashewkerne in einer Schüssel mit kochendem Wasser bedecken und 15 Minuten einweichen.

2 Das Öl in einem breiten Schmortopf erhitzen. Zimtstange, Kardamomkapseln und Gewürznelken darin bei kleiner Hitze 30–40 Sekunden anbraten.

3 Zwiebel, Chillies und Knoblauch-Ingwer-Paste zufügen. Die Hitze leicht erhöhen und die Mischung unter häufigem Rühren 9–10 Minuten dünsten, bis die Zwiebel sehr weich ist.

4 Unterdessen die Cashewkerne abgießen und zusammen mit Sahne und Joghurt glatt pürieren.

5 Die Zwiebelmischung mit dem Kurkumapulver bestäuben. Cashewpaste, restliches Salz und Zucker zufügen. Alles gründlich vermengen und die Fischstücke nebeneinander in die Sauce legen. Sanft zum Köcheln bringen und abgedeckt 5 Minuten gar ziehen lassen. Den Deckel abnehmen und vorsichtig am Topf rütteln. Die Fischstücke mit etwas Sauce überziehen. Erneut abdecken und weitere 3–4 Minuten garen. Das Korma in eine vorgewärmte Servierschüssel füllen und mit den gerösteten Mandeln garnieren. Mit Naan-Brot servieren.

Grünes Fischcurry nach Thai-Art

Für 4 Personen

- 2 EL Pflanzenöl
- 1 Knoblauchzehe, gehackt
- 2 EL grüne Thai-Currypaste (siehe Seite 10)
- 1 kleine Aubergine, gewürfelt
- 125 ml Kokosmilch
- 2 EL Fischsauce
- 1 TL Zucker
- 250 g festes weißes Fischfilet, in mundgerechte Stücke geschnitten
- 125 ml Fischfond
- 2 Kaffir-Limettenblätter, in feine Streifen geschnitten
- 15 frische Thai-Basilikumblätter
- frische Dillstängel, zum Garnieren

1 Das Öl in einem vorgewärmten Wok erhitzen. Den Knoblauch darin unter Rühren goldgelb braten. Die Currypaste zufügen und ein paar Sekunden pfannenrühren. Dann die Aubergine zugeben und etwa 4–5 Minuten unter Rühren anbraten, bis sie weich ist.

2 Die Kokosmilch zugießen, aufkochen und rühren, bis sie andickt und leicht gerinnt. Dann Fischsauce und Zucker gründlich einrühren.

3 Fischstücke und Fond zufügen und 3–4 Minuten unter gelegentlichem Rühren köcheln lassen, bis der Fisch gar ist. Limettenblätter und Basilikum zugeben und alles 1 weitere Minute köcheln lassen. In eine große, vorgewärmte Servierschale füllen und mit Dillstängeln garniert sofort servieren.

Fischcurry nach Goa-Art

Für 4 Personen

- 4 Lachsfilets ohne Haut (à 200 g)
- 1 TL Salz, oder nach Belieben
- 1 EL Zitronensaft
- 3 EL Sonnenblumenöl
- 1 große Zwiebel, fein gehackt
- 4 TL Knoblauch-Ingwer-Paste (siehe Seite 11)
- ½ TL gemahlene Kurkuma
- 1 TL gemahlener Koriander
- ½ TL gemahlener Kreuzkümmel
- ½–1 TL Chilipulver
- 250 ml Kokosmilch
- 2–3 frische grüne Chillies, längs in feine Streifen geschnitten
- 2 EL Apfel- oder Weißweinessig
- 2 EL frisch gehackter Koriander
- frisch gekochter Basmatireis, zum Servieren

1 Die Lachsfilets halbieren und nebeneinander in eine flache Auflaufform legen. Mit der Hälfte von Salz und Zitronensaft sanft einreiben. Abgedeckt 15–20 Minuten im Kühlschrank marinieren.

2 Das Öl in einer Pfanne erhitzen. Die Zwiebel darin bei mittlerer Hitze 8–9 Minuten goldgelb dünsten. Dabei häufig rühren, damit die Zwiebel gleichmäßig Farbe annimmt.

3 Knoblauch-Ingwer-Paste zufügen und unter Rühren 1 Minute andünsten. Dann Kurkuma, gemahlenen Koriander, Kreuzkümmel und Chilipulver zufügen und 1 Minute garen. Kokosmilch, Chillies, Essig und das restliche Salz zugeben, umrühren und ohne Deckel 6–8 Minuten köcheln lassen.

4 Den Fisch zugeben und 5–6 Minuten sanft köcheln lassen. Dann den frischen Koriander unterrühren und das Gericht sofort mit gekochtem Reis servieren.

Fischcurry nach Bengali-Art

Für 4–8 Personen

- 1 TL gemahlene Kurkuma
- 1 TL Salz
- 1 kg Seeteufel- oder Kabeljaufilet ohne Haut, in mundgerechte Stücke geschnitten
- 6 EL Senföl
- 4 frische grüne Chillies, entkernt und grob gehackt
- 1 TL fein gehackter frischer Ingwer
- 1 TL zerdrückter Knoblauch
- 2 Zwiebeln, fein gehackt
- 2 Tomaten, fein gehackt
- 450 ml Wasser
- frisch gehackter Koriander, zum Garnieren
- Naan-Brot, zum Servieren

1 Kurkuma und Salz in einer kleinen Schale vermengen und die Mischung über den Fischstücken verteilen.

2 Das Öl in einer großen, schweren Pfanne erhitzen. Den Fisch darin braten, bis er hellgelb ist. Dann mit einem Schaumlöffel aus der Pfanne heben und beiseitestellen.

3 Chillies, Ingwer, Knoblauch, Zwiebeln und Tomaten in einem Mörser zu einer feinen Paste verarbeiten. Alternativ in einer Küchenmaschine fein pürieren.

4 Die Gewürzpaste in eine saubere Pfanne geben und darin goldbraun anbraten.

5 Die Pfanne vom Herd nehmen und den Fisch vorsichtig zugeben, da er leicht auseinanderfällt. Die Pfanne wieder auf den Herd stellen, das Wasser zufügen und auf mittlerer Stufe 15–20 Minuten köcheln lassen. Das Gericht auf vorgewärmte Teller verteilen, mit gehacktem Koriander garnieren und mit Naan-Brot servieren.

Fischcurry Panang

Für 4 Personen

- 25 g trocken geröstete Erdnüsse
- 8–10 Schalotten oder 2 Zwiebeln, grob gehackt
- 2–3 frische rote Chillies, grob gehackt
- 2,5-cm-Stück frischer Ingwer, grob gehackt
- 4 große Knoblauchzehen, grob gehackt
- 1 TL Garnelenpaste
- 4 EL Erdnussöl
- 1 TL gemahlene Kurkuma
- ½ TL Chilipulver
- 425 ml warmes Wasser
- ½ TL Salz, oder nach Belieben
- 2 EL Tamarindensaft
- ½ TL Zucker
- 700 g Forellenfilet, in 1 cm breite Streifen geschnitten
- frische Korianderstängel, zum Garnieren
- frisch gekochter Basmatireis, zum Servieren

1 Erdnüsse, Schalotten, Chillies, Ingwer, Knoblauch und Garnelenpaste in der Küchenmaschine fein zerkleinern. Beiseitestellen.

2 Das Öl in einer großen, beschichteten Pfanne erhitzen, die Erdnussmischung zugeben und mit Kurkuma und Chilipulver verrühren. Die Paste bei mittlerer Hitze unter Rühren leicht anbräunen. Dann etwa 10–12 Minuten unter Rühren weiterbraten, bis die Gewürze zu duften beginnen; dabei eventuell etwas Wasser zugeben, damit die Paste nicht am Pfannenboden haften bleibt.

3 Warmes Wasser, Salz, Tamarindensaft und Zucker zufügen. Gut umrühren, dann das Forellenfilet zugeben. Der Fisch sollte komplett von der Sauce bedeckt sein. Die Pfanne abdecken, die Hitze auf niedrigste Stufe reduzieren und die Fischfilets weitere 8–10 Minuten köcheln lassen. Die Pfanne vom Herd nehmen und die Forellenfilets mit dem Sud in Servierschalen anrichten. Mit Korianderstängeln garnieren und sofort mit Reis servieren.

Fisch in Kokosmilch

Für 4 Personen

- 2 EL Pflanzen- oder Erdnussöl
- 6 Frühlingszwiebeln, grob gehackt
- 2,5-cm-Stück frischer Ingwer, gerieben
- 2–3 EL rote Thai-Currypaste (siehe Seite 10)
- 400 ml Kokosmilch
- 150 ml Fischfond
- 4 Kaffir-Limettenblätter
- 1 Zitronengrasstängel, in 2 Stücke gebrochen
- 350 g weißes Fischfilet ohne Haut, gewürfelt
- 250 g Tintenfischringe und -tentakel
- 250 g große, gekochte Garnelen, ausgelöst
- 1 EL Fischsauce
- 2 EL Sojasauce
- 4 EL frisch gehackter chinesischer Schnittlauch

1 Das Öl in einem Wok oder einer großen Pfanne erhitzen. Frühlingszwiebeln und Ingwer darin unter Rühren 1–2 Minuten anbraten. Die Currypaste zugeben und unter Rühren 1–2 Minuten mitbraten.

2 Kokosmilch, Fond, Limettenblätter und Zitronengras zugeben. Kurz aufkochen, dann die Hitze reduzieren und alles 1 Minute köcheln lassen.

3 Fischfilet, Tintenfisch und Garnelen zugeben und 3 Minuten köcheln lassen, bis der Fisch gar ist. Fischsauce, Sojasauce und Schnittlauch unterrühren. Sofort servieren.

Fischcurry mit Korianderreis

Für 4 Personen

- Saft von 1 Limette
- 4 EL thailändische Fischsauce
- 2 EL Sojasauce
- 1 frische rote Chili, entkernt und gehackt
- 350 g Seeteufelfilet, gewürfelt
- 350 g Lachsfilet ohne Haut, gewürfelt
- 400 ml Kokosmilch
- 3 Kaffir-Limettenblätter
- 1 EL rote Thai-Currypaste (siehe Seite 10)
- 1 Zitronengrasstängel (nur der weiße Teil), fein gehackt
- 250 g Jasminreis, gekocht
- 4 EL frisch gehackter Koriander

1 Limettensaft, die Hälfte der Fischsauce und Sojasauce in einer flachen Glasschüssel verrühren. Chili und Fischwürfel zugeben, alles gut vermengen, mit Frischhaltefolie abdecken und 1–2 Stunden bzw. über Nacht in den Kühlschrank stellen.

2 Die Kokosmilch in einem Topf aufkochen. Limettenblätter, Currypaste, restliche Fischsauce und Zitronengras unterrühren und alles bei geringer Hitze 10–15 Minuten köcheln lassen.

3 Die Fischwürfel mit der Marinade zugeben und bei geringer Hitze weitere 4–5 Minuten köcheln lassen, bis der Fisch gar ist. Heiß servieren, dazu den gekochten Reis mit untergerührtem Koriander reichen.

Malaysisches Curry mit Red Snapper

Für 6 Personen

- 400 ml Kokosmilch
- 3 EL getrocknete Kokosflocken
- 2 EL Erdnussöl
- 2 Knoblauchzehen, fein gehackt
- 2 Frühlingszwiebeln, in feine Ringe geschnitten
- 2 frische rote Chillies, entkernt und fein gehackt
- 1 Zitronengrasstängel, fein gehackt
- 2,5-cm-Stück frischer Ingwer, in feine Scheiben geschnitten
- 1 EL Fischsauce
- 600 ml Fischfond oder Hühnerbrühe
- 1 EL Zucker
- ¾ TL gemahlene Kurkuma
- 2 EL Limettensaft
- Salz
- 700 g Red-Snapper-Filet, in dicke Streifen geschnitten
- Limettenspalten, zum Garnieren

1 Die Kokosmilch durch ein Haarsieb in eine Schüssel passieren. Die festen Rückstände im Sieb aufbewahren. Einen Wok bei geringer bis mittlerer Hitze vorheizen und die Kokosflocken darin 1–2 Minuten unter Rühren trocken rösten, bis sie leicht gebräunt sind. Öl, Knoblauch, Frühlingszwiebeln, Chillies, Zitronengras und Ingwer zufügen und 3 Minuten pfannenrühren.

2 Mit der Kokosmilch ablöschen. Fischsauce, Fond, Zucker, Kurkuma und Limettensaft einrühren und alles salzen. Kurz aufkochen, dann die Hitze reduzieren und die Mischung 10 Minuten köcheln lassen.

3 Die Fischstücke zugeben und 8–10 Minuten in der Sauce gar ziehen lassen. Die festen Rückstände der Kokosmilch unterrühren und alles weitere 2–3 Minuten köcheln lassen, bis die Sauce eingedickt ist. Mit Limettenspalten garnieren und sofort servieren.

Fisch-Tikka

Für 4 Personen

- 1 Msp. Safranfäden, zerstoßen
- 1 EL heiße Milch
- 80 g griechischer Joghurt
- 2 EL Knoblauch-Ingwer-Paste (siehe Seite 11)
- 1 TL Salz, oder nach Belieben
- ½ TL Zucker
- Saft von ½ Zitrone
- ½–1 TL Chilipulver
- ½ TL Garam masala
- 1 TL gemahlene Fenchelsamen
- 2 TL Kichererbsenmehl
- 750 g Lachsfilet ohne Haut, in 5 cm große Würfel geschnitten
- 3 EL Olivenöl, plus etwas mehr zum Bestreichen
- Zitronenspalten, zum Servieren

Zum Garnieren

- Tomatenscheiben
- Gurkenstifte

1 Den Safran 10 Minuten in der heißen Milch ziehen lassen.

2 Alle anderen Zutaten bis auf Fisch und Öl in einer Schüssel glatt rühren. Die Safranmilch unterrühren, dann den Fisch zugeben und vorsichtig in der Marinade wenden. Abgedeckt 2 Stunden im Kühlschrank marinieren. Vor dem Garen wieder auf Zimmertemperatur bringen.

3 Den Backofengrill 10 Minuten vorheizen. Eine Fettpfanne mit Alufolie auslegen und den Backofenrost sowie 8 Metallspieße leicht mit Öl bestreichen.

4 Die Fischstücke auf die Spieße stecken, dabei jeweils etwas Platz dazwischen lassen. Die Spieße auf den Rost legen und den Rost auf der oberen Schiene in den Ofen schieben. Die Fettpfanne darunter platzieren und die Spieße 3 Minuten grillen. Mit 1½ Esslöffeln Öl bestreichen und 1 weitere Minute grillen. Die Spieße wenden und mit der restlichen Marinade bestreichen. Weitere 3 Minuten grillen, mit dem restlichen Öl bestreichen und 2 Minuten grillen, bis der Fisch leicht gebräunt ist.

5 Aus dem Ofen nehmen und 5 Minuten ruhen lassen. Mit Tomaten und Gurken garnieren und mit Zitronenspalten servieren.

Kabeljaucurry

Für 4 Personen

- 1 EL Pflanzenöl
- 1 kleine Zwiebel, gehackt
- 2 Knoblauchzehen, gehackt
- 2,5-cm-Stück frischer Ingwer, grob gehackt
- 2 große, vollreife Tomaten, gehäutet und grob gehackt
- 150 ml Fischfond
- 1 EL mittelscharfe Currypaste
- 1 TL gemahlener Koriander
- 400 g Kichererbsen aus der Dose, abgespült und abgetropft
- 750 g Kabeljaufilet, in große Stücke geschnitten
- 4 EL frisch gehackter Koriander
- 4 EL Naturjoghurt
- Salz und Pfeffer
- frisch gekochter Basmatireis, zum Servieren

1 Das Öl in einer großen Pfanne auf niedriger Stufe erhitzen. Zwiebel, Knoblauch und Ingwer darin 4–5 Minuten anbraten. Vom Herd nehmen und mit Tomaten und Fond in einer Küchenmaschine oder mit einem Stabmixer fein pürieren.

2 Die Masse mit Currypaste, gemahlenem Koriander und Kichererbsen in die Pfanne geben. Alles gut verrühren und 15 Minuten sanft einköcheln lassen.

3 Den Fisch zufügen und 5 Minuten leicht köcheln lassen, bis er gar ist. Dann vom Herd nehmen und 2–3 Minuten ruhen lassen.

4 Frischen Koriander und Joghurt einrühren. Mit Salz und Pfeffer abschmecken und mit Reis servieren.

Meeresfrüchtecurry

Für 4 Personen

- 2 getrocknete rote Chillies
- 2 TL Koriandersamen
- 1 TL Kreuzkümmelsamen
- 2 Kardamomkapseln
- 1 TL Bockshornkleesamen
- 1 TL schwarze Pfefferkörner
- 1 TL gemahlene Kurkuma
- 1 TL Salz
- 500 g gemischte Fischfilets, z.B. Thunfisch, Schellfisch und Makrele
- 3 EL Erdnussöl
- 1 große Zwiebel, gehackt
- 2 Knoblauchzehen, zerdrückt
- 2,5-cm-Stück frischer Ingwer, fein gehackt
- 400 ml Kokosmilch
- 400 g gehackte Tomaten aus der Dose
- 175 g rohe Garnelen, ausgelöst und Darmfäden entfernt
- frisch gehackter Koriander, zum Garnieren

1 Chillies, Koriandersamen, Kreuzkümmel, Kardamomkapseln, Bockshornklee und Pfefferkörner in einem schweren Topf bei starker Hitze 1 Minute unter Rühren anrösten.

2 Die Gewürze im Mörser zu Pulver zerstoßen. Kurkuma und Salz untermischen.

3 Die Fischfilets in 5 cm große Stücke schneiden und mit der Hälfte der Gewürzmischung einreiben. Abgedeckt ziehen lassen.

4 Inzwischen die Hälfte des Öls in einem großen Topf erhitzen und die Zwiebel darin 10 Minuten glasig dünsten.

5 Knoblauch, Ingwer und die restliche Gewürzmischung zufügen und unter Rühren 1 Minute andünsten.

6 Die Kokosmilch mit 100 ml Wasser strecken und in den Topf gießen. Die Tomaten zufügen und die Mischung 15 Minuten köcheln lassen.

7 Das restliche Öl in einer Pfanne erhitzen und die Fischstücke darin kurz anbräunen.

8 Fisch und Garnelen in die Kokosmischung geben und 5–6 Minuten köcheln lassen.

9 Das fertige Gericht mit frisch gehacktem Koriander garnieren und sofort servieren.

Meeresfrüchtecurry nach Goa-Art

Für 4–6 Personen

- 3 EL Pflanzen- oder Erdnussöl
- 1 EL schwarze Senfkörner
- 12 frische oder 1 EL getrocknete Curryblätter
- 6 Schalotten, fein gehackt
- 1 Knoblauchzehe, zerdrückt
- 1 TL gemahlene Kurkuma
- ½ TL gemahlener Koriander
- ¼–½ TL Chilipulver
- 150 g Kokoscreme, geraspelt und in 300 ml kochend heißem Wasser aufgelöst
- 500 g dickes weißes Fischfilet ohne Haut, z. B. Kabeljau oder Seeteufel, grob gewürfelt
- 450 g große, rohe Garnelen, ausgelöst und Darmfäden entfernt
- Saft und abgeriebene Schale von 1 Limette
- Salz
- Limettenscheiben, zum Servieren

1 Das Öl in einem Wok oder einer großen Pfanne stark erhitzen. Die Senfkörner darin 1 Minute braten, bis sie platzen. Dann die Curryblätter einrühren.

2 Schalotten und Knoblauch zugeben und 5 Minuten mitbraten, bis die Schalotten goldgelb sind. Kurkuma, Koriander und Chilipulver zufügen und alles 30 Sekunden braten.

3 Die aufgelöste Kokoscreme untermengen. Kurz aufkochen, die Hitze reduzieren und alles weitere 2 Minuten pfannenrühren.

4 Bei geringer Hitze die Fischwürfel zugeben und 1 Minute köcheln lassen, dabei die Sauce über den Fisch löffeln und diesen sehr vorsichtig wenden. Die Garnelen zufügen und 4–5 Minuten mitköcheln lassen, bis der Fisch durchgegart ist und die Garnelen sich rosa verfärbt haben.

5 Die Hälfte des Limettensafts zugeben, dann mit weiterem Limettensaft und Salz abschmecken. Mit der Limettenschale garnieren und mit Limettenscheiben servieren.

Garnelen-Biryani

Für 8 Personen
- 1 TL Safranfäden
- 50 ml lauwarmes Wasser
- 2 Schalotten, grob gehackt
- 3 Knoblauchzehen, zerdrückt
- 1 TL frisch gehackter Ingwer
- 2 TL Koriandersamen
- ½ TL schwarze Pfefferkörner
- 2 Gewürznelken
- Samen von 2 grünen Kardamomkapseln
- ½ Zimtstange
- 1 TL gemahlene Kurkuma
- 1 grüne Chili, gehackt
- ½ TL Salz
- 2 EL Ghee
- 1 TL schwarze Senfkörner
- 500 g rohe Riesengarnelen, ausgelöst und Darmfäden entfernt
- 300 ml Kokosmilch
- 300 g Naturjoghurt
- frisch gekochter Reis, zum Servieren

Zum Garnieren
- geröstete Mandelblättchen
- Frühlingszwiebelringe
- frische Korianderstängel

1 Den Safran 10 Minuten im lauwarmen Wasser einweichen. Schalotten, Knoblauch, Ingwer, Gewürze und Salz in einem Mörser zu einer Paste verarbeiten.

2 Das Ghee in einer Pfanne erhitzen und die Senfkörner zufügen. Wenn sie aufplatzen, die Garnelen zugeben und 1 Minute bei starker Hitze anbraten. Gewürzpaste, Kokosmilch und Joghurt einrühren und alles 20 Minuten köcheln lassen.

3 Den Reis in der Pfanne auf die Garnelenmischung schichten. Das Safranwasser in Linien über den Reis träufeln. Ein sauberes Küchentuch über die Pfanne legen und den Deckel aufsetzen. Die Pfanne vom Herd nehmen und alles etwa 5 Minuten ziehen lassen. Das fertige Gericht mit Mandelblättchen, Frühlingszwiebelringen und Korianderstängeln garnieren und servieren.

Garnelen-Chili-Curry in Kokosmilch

Für 4 Personen

- 4 EL Sonnenblumenöl
- ½ TL schwarze oder braune Senfkörner
- ½ TL Bockshornkleesamen
- 1 große Zwiebel, fein gehackt
- 4 TL Knoblauch-Ingwer-Paste (siehe Seite 11)
- 1–2 frische grüne Chillies, gehackt
- 1 EL gemahlener Koriander
- ½ TL gemahlene Kurkuma
- ½ TL Chilipulver
- 1 TL Salz, oder nach Belieben
- 250 ml Kokosmilch
- 450 g ausgelöste, gekochte Riesengarnelen, Tiefkühlware aufgetaut und abgetropft
- 1 EL Tamarindensaft oder Saft von ½ Limette
- ½ TL zerstoßene schwarze Pfefferkörner
- 10–12 frische oder getrocknete Curryblätter

1 In einem Wok 3 Esslöffel Öl auf mittlerer Stufe stark erhitzen. Senfkörner, Bockshornkleesamen und Zwiebel darin unter häufigem Rühren 5–6 Minuten anbraten, bis die Zwiebel weich, aber nicht gebräunt ist. Knoblauch-Ingwer-Paste und Chillies zufügen und unter häufigem Rühren alles weitere 5–6 Minuten braten, bis die Zwiebel goldgelb ist.

2 Koriander, Kurkuma und Chilipulver zugeben und 1 Minute unter Rühren braten. Zunächst Salz und Kokosmilch, anschließend Garnelen und Tamarindensaft zufügen. Leicht aufkochen und unter gelegentlichem Rühren 3–4 Minuten köcheln lassen.

3 Währenddessen das restliche Öl in einem sehr kleinen Topf auf mittlerer Stufe erhitzen. Pfeffer und Curryblätter zugeben, vom Herd nehmen und 20–25 Sekunden ziehen lassen. Das aromatisierte Öl unter die Garnelenmischung rühren. Vom Herd nehmen und sofort servieren.

Pikante Garnelen-spieße

Für 4 Personen

- 2 frische rote Chillies, entkernt und gehackt
- 2 Knoblauchzehen, gehackt
- ½ Zwiebel, gehackt
- 2,5-cm-Stück frischer Ingwer, gehackt
- 1 TL gemahlene Kurkuma
- 1 TL gemahlener Kreuzkümmel
- 1 TL Garam masala
- ½ TL Zucker
- ½ TL Pfeffer
- 300 g Naturjoghurt
- 2 EL frisch gehackter Koriander
- 500 g rohe Riesengarnelen, ausgelöst und Darmfäden entfernt, aber mit Schwanzenden
- Limettenspalten, zum Servieren

1 Holzspieße sollten vor der Verwendung 30 Minuten in kaltem Wasser eingeweicht werden.

2 Chillies, Knoblauch, Zwiebel, Ingwer, Kurkuma, Kreuzkümmel, Garam masala, Zucker, Pfeffer und Joghurt in einer Küchenmaschine fein pürieren. Die Paste in eine große, flache Schüssel geben und den Koriander einrühren. Die Garnelen auf Metall- oder Holzspieße stecken, dabei jeweils an beiden Enden des Spießes etwas Platz lassen. Die Spieße in der Paste wenden, bis die Garnelen gut bedeckt sind. In Frischhaltefolie einwickeln und 1–1½ Stunden in den Kühlschrank stellen.

3 Den Backofengrill vorheizen. Die Spieße aus dem Kühlschrank nehmen und auf einem Grillrost verteilen. Etwa 4 Minuten auf der mittleren Schiene grillen, dabei mehrmals wenden und mit der Marinade bestreichen, bis die Garnelen gar sind. Heiß mit Limettenspalten servieren.

Tandoori-Garnelen

Für 4 Personen

- 4 EL Naturjoghurt
- 2 frische grüne Chillies, entkernt und gehackt
- ½ EL Knoblauch-Ingwer-Paste (siehe Seite 11)
- Samen von 4 grünen Kardamomkapseln
- 2 TL gemahlener Kreuzkümmel
- 1 TL Tomatenmark
- ¼ TL gemahlene Kurkuma
- ¼ TL Salz
- 1 Prise Chilipulver, vorzugsweise Kaschmir-Chilipulver
- 24 rohe Riesengarnelen, ausgelöst und Darmfäden entfernt, aber mit Schwanzenden
- Öl, zum Einfetten
- Zitronen- oder Limettenspalten, zum Servieren

1 Joghurt, Chillies und Knoblauch-Ingwer-Paste in einem kleinen Mixer oder einem Mörser zu einer Paste verarbeiten. Die Paste in eine große Schüssel geben. Kardamomsamen, Kreuzkümmel, Tomatenmark, Kurkuma, Salz und Chilipulver unterrühren.

2 Die Garnelen in die Schüssel geben und mit den Händen in der Joghurtmarinade wenden, bis sie gut bedeckt sind. Die Schüssel mit Frischhaltefolie abdecken und 30 Minuten bis 4 Stunden in den Kühlschrank stellen.

3 Eine große Grill- oder Bratpfanne auf hoher Stufe erhitzen, bis ein Wassertropfen auf der heißen Fläche „tanzt". Die Pfanne mit Küchenpapier oder einem Backpinsel leicht einölen.

4 Die Garnelen mit einer Küchenzange aus der Marinade nehmen und die überschüssige Marinade in die Schüssel abtropfen lassen. Die Garnelen in die Pfanne geben, 2 Minuten braten, dann wenden und weitere 1–2 Minuten braten, bis sie sich rosa verfärben, krümmen und auch in der Mitte nicht mehr glasig sind. Sofort mit den Zitronenspalten servieren.

Garnelen mit Frühlingszwiebeln & Strohpilzen

Für 4 Personen

- 2 EL Pflanzen- oder Erdnussöl
- 1 Bund Frühlingszwiebeln, gehackt
- 2 Knoblauchzehen, fein gehackt
- 175 g Kokoscreme, gewürfelt
- 2 EL rote Thai-Currypaste (siehe Seite 10)
- 450 ml Fischfond
- 2 EL Fischsauce
- 2 EL Sojasauce
- 6 frische Thai-Basilikumstängel, die Blätter abgezupft
- 400 g Strohpilze aus der Dose, abgetropft
- 350 g große, gekochte Garnelen, ausgelöst
- frisch gekochter Jasminreis, zum Servieren

1 Das Öl in einem Wok erhitzen. Frühlingszwiebeln und Knoblauch darin unter ständigem Rühren 2–3 Minuten anbraten. Kokoscreme, Currypaste und Fond zugeben und unter Rühren erhitzen, bis die Kokoscreme vollständig aufgelöst ist.

2 Fisch- und Sojasauce unterrühren, dann Basilikum, Pilze und Garnelen zufügen. Unter Rühren aufkochen und sofort mit Jasminreis servieren.

Muscheln in Kokossauce

Für 4 Personen

- 1 kg Miesmuscheln, abgebürstet und Bärte entfernt
- 3 EL Ghee oder Pflanzenöl
- 1 Zwiebel, fein gehackt
- 2 TL Knoblauch-Ingwer-Paste (siehe Seite 11)
- 1 TL gemahlener Kreuzkümmel
- 1 TL gemahlener Koriander
- ½ TL gemahlene Kurkuma
- 1 Prise Salz
- 600 ml Kokosmilch
- frisch gehackter Koriander, zum Garnieren

1 Beschädigte Muscheln oder Exemplare, die sich nicht sofort schließen, wenn man mit einem Messer daraufklopft, wegwerfen.

2 Das Ghee in einer großen, schweren Pfanne zerlassen. Die Zwiebel darin bei geringer Hitze unter gelegentlichem Rühren 10 Minuten dünsten, bis sie goldgelb ist.

3 Die Knoblauch-Ingwer-Paste zufügen und unter ständigem Rühren 2 Minuten garen. Kreuzkümmel, gemahlenen Koriander, Kurkuma und Salz zugeben und unter ständigem Rühren 2 Minuten garen. Die Kokosmilch zugießen und zum Kochen bringen.

4 Die Muscheln zufügen und abgedeckt 5 Minuten kochen, bis sie sich geöffnet haben. Exemplare, die sich nicht geöffnet haben, wegwerfen. Die Muscheln mit der Sauce in eine vorgewärmte Servierschüssel füllen, mit gehacktem Koriander garnieren und sofort servieren.

Muscheln in Kokos-Senf-Sauce

Für 4 Personen

- 2 kg Miesmuscheln, abgebürstet und Bärte entfernt
- 3 EL Pflanzen- oder Erdnussöl
- ½ EL schwarze Senfkörner
- 8 Schalotten, gehackt
- 2 Knoblauchzehen, zerdrückt
- 2 EL Essig
- 4 kleine frische rote Chillies
- 80 g Kokoscreme, geraspelt und in 300 ml kochend heißem Wasser aufgelöst
- 10 frische oder 1 EL getrocknete Curryblätter
- ½ TL gemahlene Kurkuma
- ¼–½ TL Chilipulver
- Salz

1 Beschädigte Muscheln oder Exemplare, die sich nicht sofort schließen, wenn man mit einem Messer daraufklopft, wegwerfen.

2 Das Öl in einem Wok oder einer großen Pfanne erhitzen. Die Senfkörner bei mittlerer bis starker Hitze darin etwa 1 Minute unter Rühren anbraten, bis sie zu springen beginnen.

3 Schalotten und Knoblauch zufügen und unter häufigem Rühren 3 Minuten anbraten, bis die Schalotten zu bräunen beginnen. Essig, Chillies, aufgelöste Kokoscreme, Curryblätter, Kurkuma, Chilipulver und 1 Prise Salz zugeben und alles unter Rühren zum Kochen bringen.

4 Die Muscheln in den Wok geben, abdecken und bei geringer Hitze 3–4 Minuten köcheln lassen, bis sie sich geöffnet haben. Dabei mehrmals am Wok rütteln. Noch geschlossene Muscheln wegwerfen. Die Muscheln in tiefe Teller geben. Den Kochsud bei Bedarf mit etwas Salz abschmecken. Die Muscheln mit dem Sud übergießen und sofort servieren.

Gemüse & Hülsenfrüchte

Gemüse-Korma

Für 4 Personen

- 4 EL Ghee oder Pflanzenöl
- 2 Zwiebeln, gehackt
- 2 Knoblauchzehen, gehackt
- 1 frische rote Chili, gehackt
- 1 EL frisch geriebener Ingwer
- 2 Tomaten, gehäutet und gehackt
- 1 orangefarbene Paprika, in kleine Stücke geschnitten
- 1 große Kartoffel, in Stücke geschnitten
- 200 g Blumenkohlröschen
- ½ TL Salz
- 1 TL gemahlene Kurkuma
- 1 TL gemahlener Kreuzkümmel
- 1 TL gemahlener Koriander
- 1 TL Garam masala
- 200 ml Gemüsebrühe oder Wasser
- 150 g Naturjoghurt
- 150 g Sahne
- 25 g frischer Koriander, gehackt
- frisch gekochter Reis, zum Servieren

1 Das Ghee in einer großen Pfanne auf mittlerer Stufe erhitzen. Zwiebeln und Knoblauch darin unter Rühren 3 Minuten braten. Chili und Ingwer zufügen und alles weitere 4 Minuten braten. Tomaten, Paprika, Kartoffel, Blumenkohl, Salz und Gewürze zugeben und die Mischung 3 Minuten unter Rühren köcheln lassen. Die Brühe zugießen und aufkochen. Die Hitze reduzieren und alles 25 Minuten köcheln lassen.

2 Joghurt und Sahne zugeben und unter Rühren weitere 5 Minuten köcheln lassen. Den frisch gehackten Koriander untermischen und erwärmen. Mit frisch gekochtem Reis servieren.

Gemüsecurry mit Tofu & Spinat

Für 4 Personen

- Pflanzen- oder Erdnussöl, zum Frittieren, plus 2 EL mehr
- 220 g schnittfester Tofu, abgetropft und gewürfelt
- 2 Zwiebeln, gehackt
- 2 Knoblauchzehen, gehackt
- 1 frische rote Chili, entkernt und in Ringe geschnitten
- 3 Selleriestangen, diagonal in Scheiben geschnitten
- 220 g Champignons, in dicke Scheiben geschnitten
- 120 g Babymaiskolben, halbiert
- 1 rote Paprika, in Streifen geschnitten
- 3 EL rote Thai-Currypaste (siehe Seite 10)
- 400 ml Kokosmilch
- 1 TL Palmzucker oder hellbrauner Zucker
- 2 EL Sojasauce
- 220 g Babyspinat

1 Das Frittieröl in einer tiefen Pfanne erhitzen und die Tofuwürfel darin portionsweise jeweils 4–5 Minuten frittieren, bis sie knusprig und braun sind. Mit einem Schaumlöffel herausnehmen und auf Küchenpapier abtropfen lassen.

2 In einem Wok oder einer Pfanne 2 Esslöffel Öl erhitzen. Zwiebeln, Knoblauch und Chili unter Rühren 2 Minuten andünsten. Sellerie, Champignons, Mais und Paprika zugeben und unter Rühren 3–4 Minuten mitgaren, bis das Gemüse gerade weich ist.

3 Currypaste und Kokosmilch unterrühren und vorsichtig aufkochen. Zucker, Sojasauce und zuletzt den Spinat zugeben. Unter ständigem Rühren köcheln lassen, bis der Spinat zusammenfällt. Die Tofuwürfel darüberstreuen und sofort servieren.

Spinat mit Paneer

Für 4 Personen

- 80 g Ghee oder 6 EL Pflanzen- bzw. Erdnussöl
- 350 g Paneer, in 1 cm große Würfel geschnitten
- 1½ EL Knoblauch-Ingwer-Paste (siehe Seite 11)
- 1 frische grüne Chili, gehackt
- 4 EL Wasser
- 1 Zwiebel, fein gehackt
- 600 g frischer Spinat, harte Stiele entfernt
- ¼ TL Salz
- ¼ TL Garam masala
- 4 EL Crème double
- Zitronenspalten, zum Servieren

1 Das Ghee in einem großen Topf oder einer großen Pfanne mit dicht schließendem Deckel bei mittlerer bis starker Hitze zerlassen. Die Paneer-Würfel gegebenenfalls portionsweise in den Topf geben (sodass der Boden nur mit einer Lage bedeckt ist) und etwa 5 Minuten braten, bis sie rundum goldbraun sind. Die Paneer-Würfel mit einem Schaumlöffel herausnehmen und auf Küchenpapier abtropfen lassen. Falls notwendig, mehr Ghee zugeben.

2 Die Knoblauch-Ingwer-Paste mit der Chili im Mörser zu einer dicken Paste verarbeiten, dann das Wasser einrühren.

3 Den Topf mit dem Ghee wieder erhitzen. Zwiebel und Gewürzpaste darin unter häufigem Rühren 5–8 Minuten andünsten, bis die Zwiebel glasig ist.

4 Gewaschenen, nicht abgetropften Spinat und Salz untermischen, bis der Spinat zusammenfällt. Die Hitze auf niedrige Stufe reduzieren und den Spinat abgedeckt dünsten, bis er weich ist.

5 Garam masala und Sahne unterrühren. Die Paneer-Würfel vorsichtig unter den Spinat heben und erhitzen. Abschmecken und sofort mit Zitronenspalten servieren.

Rotes Curry mit Blattgemüse

Für 4 Personen

- 2 EL Pflanzen- oder Erdnussöl
- 2 Zwiebeln, in dünne Ringe geschnitten
- 1 Bund grüner Spargel, holzige Enden entfernt
- 400 ml Kokosmilch
- 2 EL rote Thai-Currypaste (siehe Seite 10)
- 3 frische Kaffir-Limettenblätter
- 230 g Babyspinat
- 2 Pak Choi, gehackt
- 1 kleiner Chinakohl, in feine Streifen geschnitten
- 1 Handvoll frischer Koriander, gehackt
- frisch gekochter Jasminreis, zum Servieren

1 Einen Wok auf mittlerer bis hoher Stufe vorheizen, dann das Öl zugeben und erhitzen. Zwiebeln und Spargel darin 1–2 Minuten unter Rühren anbraten.

2 Kokosmilch, Currypaste und Limettenblätter zufügen und unter gelegentlichem Rühren sanft zum Kochen bringen. Spinat, Pak Choi und Chinakohl zugeben und unter Rühren 2–3 Minuten garen, bis das Blattgemüse zusammenfällt. Den Koriander sorgfältig untermischen. Sofort mit gekochtem Reis servieren.

Cremiges Gemüsecurry

Für 4 Personen

- 200 g Blumenkohl, in 1 cm große Röschen zerteilt
- 200 g grüne Bohnen, in 5 cm lange Stücke geschnitten
- 200 g Babykarotten
- 200 g gekochte Kartoffeln
- 4 EL Sonnenblumenöl
- 5 grüne Kardamomkapseln, zerdrückt
- 2 Lorbeerblätter
- 1 große Zwiebel, fein gehackt
- 2,5-cm-Stück frischer Ingwer, fein gerieben
- 1 TL gemahlener Koriander
- ½ TL gemahlener Kreuzkümmel
- 1 TL gemahlene Kurkuma
- ½–1 TL Chilipulver
- 1 EL Tomatenmark
- Salz
- 150 ml lauwarmes Wasser
- 150 g Crème double
- 2 Tomaten, entkernt und grob gehackt
- Naan-Brot, zum Servieren

1 Leicht gesalzenes Wasser in einem Topf zum Kochen bringen. Das Gemüse darin einzeln blanchieren (Blumenkohl: 3 Minuten; Bohnen: 3 Minuten; Karotten: 4 Minuten), abtropfen lassen und in kaltem Wasser abschrecken. Die Kartoffeln in 2,5 cm große Würfel schneiden.

2 Das Öl in einem mittelgroßen Topf auf niedriger Stufe erhitzen. Kardamomkapseln und Lorbeerblätter darin 30–40 Sekunden anbraten. Zwiebel und Ingwer zufügen und bei mittlerer Hitze 5–6 Minuten unter regelmäßigem Rühren garen, bis die Zwiebel weich ist.

3 Koriander, Kreuzkümmel, Kurkuma und Chilipulver einstreuen und 2–3 Minuten anbraten. Etwas Wasser zufügen und alles 1 weitere Minute garen. Das Tomatenmark einrühren und etwa 1 Minute garen.

4 Das Gemüse abtropfen lassen und mit den Kartoffeln in den Topf geben. 1 Teelöffel Salz und das Wasser unterrühren. Ohne Deckel 2–3 Minuten garen, dann die Sahne unterziehen und alles weitere 3–4 Minuten garen. Die Tomaten untermischen. Sofort mit Naan-Brot servieren.

Gemüse-Sambar

Für 6 Personen

- 800 g geschälte Tomaten aus der Dose
- 2 EL getrocknete Kokosflocken
- 2 EL Zitronensaft
- 1 EL gelbe Senfkörner
- 40 g brauner Zucker
- 2 EL Ghee oder Pflanzenöl
- 2 Zwiebeln, in Ringe geschnitten
- 4 Kardamomkapseln, leicht zerdrückt
- 6 Curryblätter, plus etwas mehr zum Garnieren
- 2 TL gemahlener Koriander
- 2 TL gemahlener Kreuzkümmel
- 1 TL gemahlene Kurkuma
- 1 TL Ingwerpaste
- 200 g halbe geschälte Straucherbsen (Toor Daal)
- 450 g Süßkartoffeln, gewürfelt
- 1 kg Kartoffeln, gewürfelt
- 2 Karotten, in Scheiben geschnitten
- 2 Zucchini, in Stücke geschnitten
- 1 Aubergine, in Stücke geschnitten
- Salz

1 Tomaten samt Saft, Kokosflocken, 1 Esslöffel Zitronensaft, Senfkörner und Zucker in einer Küchenmaschine oder mit einem Stabmixer glatt pürieren.

2 Das Ghee in einem großen, schweren Topf erhitzen. Die Zwiebeln darin bei geringer Hitze unter gelegentlichem Rühren 10 Minuten dünsten, bis sie goldgelb sind. Kardamomkapseln, Curryblätter, Koriander, Kreuzkümmel, Kurkuma und Ingwerpaste zugeben und unter ständigem Rühren 1–2 Minuten dünsten, bis die Gewürze zu duften beginnen.

3 Tomatenpüree und Straucherbsen zufügen und zum Kochen bringen. Die Hitze reduzieren und die Mischung abgedeckt 10 Minuten köcheln lassen.

4 Süßkartoffeln, Kartoffeln und Karotten zugeben und abgedeckt 15 Minuten garen. Zucchini, Aubergine, restlichen Zitronensaft und Salz zufügen und alles abgedeckt 10–15 Minuten köcheln lassen, bis das Gemüse gar ist. Mit Curryblättern garniert servieren.

Okra-Zwiebel-Pfanne

Für 4 Personen
- 280 g Okras
- 1 kleine rote Paprika
- 1 Zwiebel
- 2 EL Sonnenblumenöl
- 1 TL schwarze oder braune Senfkörner
- ½ TL Kreuzkümmelsamen
- 3 große Knoblauchzehen, leicht zerdrückt, dann gehackt
- ½ TL Chilipulver
- ½ TL Salz, oder nach Belieben
- ½ TL Garam masala
- frisch gekochter Basmatireis, zum Servieren

1 Die Okras sanft abreiben, sorgfältig unter fließend kaltem Wasser abspülen und die harten Stielansätze abschneiden. Die Okras diagonal halbieren und beiseitestellen.

2 Die Paprika in 4 cm lange Streifen schneiden. Die Zwiebel längs halbieren und in 5 mm dicke Ringe schneiden.

3 Das Öl in einer schweren Pfanne oder einem Wok auf mittlerer Stufe stark erhitzen. Zunächst die Senfkörner, danach die Kreuzkümmelsamen zugeben.

4 Vom Herd nehmen und den Knoblauch zufügen. Wieder auf den Herd stellen und bei geringer Hitze unter Rühren 1 Minute leicht anbräunen.

5 Okras, Paprika und Zwiebel zugeben und bei mittlerer Hitze 2 Minuten pfannenrühren. Chilipulver und Salz untermischen und alles weitere 3 Minuten pfannenrühren. Schließlich das Garam masala einrühren und das Gericht vom Herd nehmen. Sofort mit gekochtem Reis servieren.

Vietnamesisches Gemüsecurry

Für 6 Personen
- 2 Zitronengrasstängel
- 50 ml Pflanzenöl
- 3 große Knoblauchzehen, zerdrückt
- 1 große Schalotte, in dünne Ringe geschnitten
- 2 EL indisches Currypulver
- 700 ml Kokosmilch
- 500 ml Kokoswasser oder Gemüsebrühe
- 2 EL Fischsauce
- 4 frische rote Vogelaugen-chillies
- 6 Kaffir-Limettenblätter
- 1 Karotte, diagonal in 1 cm breite Scheiben geschnitten
- 1 kleine Thai-Aubergine, in 2,5 cm große Stücke geschnitten
- 100 g Bambussprossen aus der Dose, abgespült und abgetropft
- 120 g Zuckererbsen
- 12 große Shiitake-Pilze, Stiele entfernt und Kappen halbiert
- 450 g schnittfester Tofu, abgetropft und in 2,5 cm große Würfel geschnitten

Zum Garnieren
- frisch gehackter Koriander
- gebratene Schalottenringe

1 Von den Zitronengrasstängeln die äußeren Blätter und den Wurzelansatz entfernen. Den unteren weißen Teil in sehr feine Ringe schneiden.

2 Das Öl in einem Wok oder einem großen Topf erhitzen. Knoblauch und Schalotte darin unter Rühren goldbraun braten. Zitronengras und Currypulver zufügen und 2 Minuten pfannenrühren, bis sie zu duften beginnen.

3 Mit Kokosmilch, Kokoswasser und Fischsauce ablöschen. Chillies und Limettenblätter zugeben und alles zum Kochen bringen. Dann die Hitze reduzieren und Karotte sowie Aubergine zufügen. Den Wok abdecken und alles etwa 10 Minuten köcheln lassen.

4 Bambussprossen, Zuckererbsen, Pilze und Tofu unterrühren und das Curry weitere 5 Minuten garen.

5 Mit gehacktem Koriander und gebratenen Schalottenringen garniert sofort servieren.

Auberginen-Kartoffel-Curry

Für 4 Personen

- 1 große Aubergine (ca. 350 g)
- 250 g Kartoffeln mit Schale, gekocht und abgekühlt
- 3 EL Sonnenblumenöl
- ½ TL schwarze Senfkörner
- ½ TL Schwarzkümmelsamen
- ½ TL Fenchelsamen
- 1 Zwiebel, fein gehackt
- 2,5-cm-Stück frischer Ingwer, gerieben
- 2 frische grüne Chillies, gehackt
- ½ TL gemahlener Kreuzkümmel
- 1 TL gemahlener Koriander
- 1 TL gemahlene Kurkuma
- ½ TL Chilipulver
- 1 EL Tomatenmark
- 450 ml warmes Wasser
- 1 TL Salz, oder nach Belieben
- ½ TL Garam masala
- 2 EL frisch gehackte Korianderblätter
- Naan-Brot, zum Servieren

1 Die Aubergine längs vierteln. Das schlankere Ende in 5 cm lange Stücke schneiden. Die restlichen Viertel nochmals längs halbieren und ebenfalls in 5 cm lange Stücke schneiden. Die Auberginenstücke mit kaltem Wasser bedecken.

2 Die Kartoffeln schälen und in 5 cm große Würfel schneiden. Das Öl in einem großen Topf erhitzen. Die Senfkörner darin bei mittlerer Hitze anbraten. Sobald sie zu springen beginnen, Schwarzkümmel- und Fenchelsamen zufügen. Zwiebel, Ingwer und Chillies zugeben und 7–8 Minuten dünsten, bis die Mischung zu bräunen beginnt.

3 Kreuzkümmel, gemahlenen Koriander, Kurkuma und Chilipulver unterrühren. Etwa 1 Minute mitdünsten, dann das Tomatenmark zufügen und alles 1 weitere Minute garen. Mit dem Wasser ablöschen. Salz und abgetropfte Aubergine zugeben und zum Kochen bringen. Bei mittlerer Hitze 8–10 Minuten unter häufigem Rühren garen. Zu Beginn schwimmen die Auberginenstücke noch an der Oberfläche. Sobald sie sich vollgesogen haben und nach unten sinken, die Kartoffeln zugeben und 2–3 Minuten unter Rühren erwärmen.

4 Garam masala und gehackten Koriander einrühren. Sofort mit Naan-Brot servieren.

Champignons in Tomaten-Zwiebel-Sauce

Für 4 Personen

- 300 g kleine weiße Champignons
- 4 EL Sonnenblumen- oder Olivenöl
- 1 Zwiebel, fein gehackt
- 1 grüne Chili, fein gehackt
- 2 TL Knoblauchpaste
- 1 TL gemahlener Kreuzkümmel
- 1 TL gemahlener Koriander
- ½ TL Chilipulver
- ½ TL Salz, oder nach Belieben
- 1 EL Tomatenmark
- 3 EL Wasser
- 1 EL frische Schnittlauchröllchen, zum Garnieren

1 Die Pilze mit feuchtem Küchenpapier abwischen und in dicke Scheiben schneiden.

2 Das Öl in einem großen Topf erhitzen. Zwiebel und Chili darin bei mittlerer Hitze 5–6 Minuten unter Rühren dünsten, bis die Zwiebel glasig ist. Die Knoblauchpaste zufügen und 2 Minuten garen.

3 Kreuzkümmel, Koriander und Chilipulver zugeben und unter Rühren 1 Minute dünsten. Pilze, Salz und Tomatenmark unterrühren.

4 Das Wasser gleichmäßig über die Pilze verteilen. Abdecken und bei geringer Hitze 10 Minuten köcheln lassen. Nach 5 Minuten einmal umrühren. Die Sauce sollte schön eingedickt sein. Falls sie zu flüssig ist, 3–4 Minuten ohne Deckel einkochen.

5 Das fertige Gericht in eine vorgewärmte Servierschüssel füllen, mit den Schnittlauchröllchen bestreuen und sofort servieren.

Pikante Bohnen mit Pilzen

Für 4 Personen

- 1 Zwiebel, grob gehackt
- 4 große Knoblauchzehen, grob gehackt
- 2,5-cm-Stück frischer Ingwer, grob gehackt
- 4 EL Sonnenblumenöl
- 1 TL gemahlener Kreuzkümmel
- 1 TL gemahlener Koriander
- ½ TL gemahlene Fenchelsamen
- 1 TL gemahlene Kurkuma
- ½–1 TL Chilipulver
- 175 g gehackte Tomaten aus der Dose
- 400 g Augenbohnen aus der Dose, abgespült und abgetropft
- 120 g große, flache Pilze, abgewischt und in mundgerechte Stücke geschnitten
- ½ TL Salz, oder nach Belieben
- 175 ml lauwarmes Wasser
- 1 EL frisch gehackte Minze
- 1 EL frisch gehackte Korianderblätter
- Naan-Brot, zum Servieren

1 Zwiebel, Knoblauch und Ingwer in einem Mixer pürieren.

2 Das Öl in einem mittelgroßen Topf auf mittlerer Stufe erhitzen. Die pürierten Zutaten darin 4–5 Minuten anbraten. Kreuzkümmel, gemahlenen Koriander, Fenchelsamen, Kurkuma und Chilipulver zugeben und unter Rühren etwa 1 Minute anbraten. Die Tomaten unterrühren und die Mischung einkochen, bis die Flüssigkeit verdampft ist.

3 Bohnen, Pilze und Salz sorgfältig untermischen. Das Wasser zugießen und zum Kochen bringen. Die Hitze auf niedrige Stufe reduzieren und alles 8–10 Minuten köcheln lassen. Nach der Hälfte der Zeit umrühren.

4 Minze und frisch gehackten Koriander untermengen. Das Gericht in eine Servierschüssel füllen und sofort mit Naan-Brot servieren.

Paneer in Chili-Tomaten-Sauce

Für 4 Personen

- 4 EL Sonnenblumenöl
- 250 g Paneer, in 2,5 cm große Würfel geschnitten
- 4 grüne Kardamomkapseln, zerdrückt
- 2 Lorbeerblätter
- 1 Zwiebel, fein gehackt
- 4 TL Knoblauch-Ingwer-Paste (siehe Seite 11)
- 2 TL gemahlener Koriander
- ½ TL gemahlene Kurkuma
- ½–1 TL Chilipulver
- 150 g gehackte Tomaten aus der Dose
- 450 ml warmes Wasser
- 1 TL Salz, oder nach Belieben
- 125 g tiefgefrorene Erbsen
- ½ TL Garam masala
- 2 EL Sahne
- 2 EL frisch gehackte Korianderblätter

1 In einem beschichteten Topf 2 Esslöffel Öl erhitzen. Die Paneer-Würfel darin bei mittlerer Hitze unter häufigem Rühren 3–4 Minuten rundum anbräunen. Aus dem Topf nehmen und auf Küchenpapier abtropfen lassen.

2 Das restliche Öl in den Topf geben und die Hitze auf niedrige Stufe reduzieren. Kardamomkapseln und Lorbeerblätter darin 20–25 Sekunden anbraten. Die Zwiebel zufügen und bei mittlerer Hitze unter häufigem Rühren 4–5 Minuten dünsten, bis sie glasig ist. Die Knoblauch-Ingwer-Paste zugeben und alles weitere 3–4 Minuten unter häufigem Rühren braten, bis die Zwiebel goldgelb ist.

3 Gemahlenen Koriander, Kurkuma und Chilipulver einstreuen und 1 Minute unter Rühren anbraten. Die Tomaten samt Saft zufügen und unter häufigem Rühren 4–5 Minuten garen. Dann 2 Esslöffel warmes Wasser zugeben und die Mischung unter häufigem Rühren 3 Minuten garen, bis sich das Öl von der Gewürzpaste absetzt.

4 Restliches Wasser und Salz zugeben und zum Kochen bringen. Die Hitze auf niedrige Stufe reduzieren und alles ohne Deckel 7–8 Minuten köcheln lassen. Paneer und Erbsen zufügen und 5 Minuten erhitzen. Garam masala, Sahne und frischen Koriander untermischen und das Gericht sofort servieren.

Tarka Daal

Für 4 Personen

- 200 g rote Linsen (Masoor Daal)
- 850 ml Wasser
- 1 TL Salz, oder nach Belieben
- 2 TL Sonnenblumenöl
- ½ TL schwarze oder braune Senfkörner
- ½ TL Kreuzkümmelsamen
- 4 Schalotten, fein gehackt
- 2 grüne Chillies, gehackt
- 1 TL gemahlene Kurkuma
- 1 TL gemahlener Kreuzkümmel
- 1 Tomate, gehackt
- 2 EL frisch gehackte Korianderblätter

1 Die Linsen so lange in einem Sieb unter fließend kaltem Wasser abspülen, bis das ablaufende Wasser klar ist. Mit dem Wasser in einen großen Topf geben und zum Kochen bringen. Die Hitze auf mittlere Stufe reduzieren und den Schaum abschöpfen. Die Linsen ohne Deckel 10 Minuten köcheln lassen, dann abdecken und bei geringer Hitze 45 Minuten garen; dabei gelegentlich rühren, damit die Linsen nicht am Topfboden ansetzen. Das Salz einrühren.

2 Unterdessen das Öl in einem kleinen Topf erhitzen. Bei mittlerer Hitze zunächst die Senfkörner, dann die Kreuzkümmelsamen zugeben. Schalotten und Chillies zufügen und 2–3 Minuten unter Rühren anbraten. Dann Kurkuma und gemahlenen Kreuzkümmel einstreuen. Die Tomate untermischen und 30 Sekunden garen.

3 Die Würzmischung unter die Linsen rühren. Den Koriander unterheben und das Gericht sofort servieren.

Linsen mit fünf Gewürzen

Für 4 Personen

- 125 g rote Linsen (Masoor Daal)
- 125 g geschälte, gespaltene Mungbohnen (Mung Daal)
- 850 ml heißes Wasser
- 1 TL gemahlene Kurkuma
- 1 TL Salz, oder nach Belieben
- 1 EL Zitronensaft
- 2 EL Sonnenblumenöl
- ¼ TL schwarze Senfkörner
- ¼ TL Kreuzkümmelsamen
- ¼ TL Schwarzkümmelsamen
- ¼ TL Fenchelsamen
- 4–5 Bockshornkleesamen
- 2–3 getrocknete rote Chillies
- Naan-Brot, zum Servieren

Zum Garnieren

- 1 kleine Tomate, entkernt und in Streifen geschnitten
- frische Korianderblätter

1 Linsen und Mungbohnen mischen und abspülen, bis das ablaufende Wasser klar ist. Mit dem heißen Wasser in einen Topf geben und zum Kochen bringen. Bei leicht reduzierter Hitze 5–6 Minuten kochen. Wenn sich kein Schaum mehr bildet, das Kurkumapulver zufügen. Die Hitze auf niedrige Stufe reduzieren und alles abgedeckt 20 Minuten garen. Salz und Zitronensaft zufügen und die Hülsenfrüchte mit einem Schneebesen schlagen. Falls der Linsen-Bohnen-Brei zu fest ist, mit etwas heißem Wasser strecken.

2 Das Öl in einem kleinen Topf auf mittlerer Stufe stark erhitzen. Es darf aber nicht rauchen. Die Senfkörner zugeben und, sobald sie zu springen beginnen, die Hitze auf niedrige Stufe reduzieren. Kreuzkümmel-, Schwarzkümmel-, Fenchel- und Bockshornkleesamen sowie getrocknete Chillies zufügen. Die Gewürze anbraten, bis sie zu springen beginnen und die Chillies schwarz werden. Das Würzöl über die Linsen geben, dabei sämtliche Gewürzreste aus der Pfanne lösen.

3 Das Gericht auf dem ausgeschalteten Herd abgedeckt bis zum Servieren warm halten. In eine Servierschüssel füllen, mit Tomatenstreifen und Koriander garnieren und mit Naan-Brot servieren.

Linsen mit Chillies & Kräutern

Für 4 Personen

- 80 g rote Linsen (Masoor Daal)
- 80 g halbe Kichererbsen (Channa Daal)
- 3 EL Sonnenblumenöl
- 1 Zwiebel, fein gehackt
- 2–3 frische grüne Chillies, gehackt
- 4 TL Knoblauch-Ingwer-Paste (siehe Seite 11)
- 1 TL gemahlener Kreuzkümmel
- 600 ml lauwarmes Wasser
- 1 TL Salz, oder nach Belieben
- 1 EL frisch gehackte Minze
- 1 EL frisch gehackte Korianderblätter
- 50 g Butter

Zum Garnieren

- 1 frische grüne Chili, entkernt und in feine Streifen geschnitten
- 1 kleine Tomate, entkernt und in feine Streifen geschnitten

1 Linsen und Kichererbsen waschen, bis das Wasser klar bleibt. Dann 30 Minuten in Wasser einweichen.

2 Das Öl in einem beschichteten, mittelgroßen Topf auf mittlerer Stufe erhitzen. Zwiebel, Chillies und Knoblauch-Ingwer-Paste darin unter Rühren anbraten, bis die Mischung zu bräunen beginnt.

3 Linsen und Erbsen abtropfen lassen, mit dem Kreuzkümmel in den Topf geben und alles bei geringer Hitze unter Rühren 2–3 Minuten garen. Das Wasser zugießen und zum Kochen bringen. Dann die Hitze wieder reduzieren und das Gericht bei geschlossenem Deckel 25–30 Minuten garen.

4 Salz, Minze, Koriander und Butter zugeben und rühren, bis die Butter geschmolzen ist. Mit Chili- und Tomatenstreifen garnieren und sofort servieren.

Karotten-Kürbis-Curry

Für 4 Personen

- 150 ml Gemüsebrühe
- 2,5-cm-Stück frischer Galgant, in Scheiben geschnitten
- 2 Knoblauchzehen, gehackt
- 1 Zitronengrasstängel (nur der weiße Teil), fein gehackt
- 2 frische rote Chillies, entkernt und gehackt
- 4 Karotten, geschält und gewürfelt
- 250 g Kürbisfleisch, gewürfelt
- 2 EL Pflanzen- oder Erdnussöl
- 2 Schalotten, fein gehackt
- 3 EL gelbe Thai-Currypaste (siehe Seite 10)
- 400 ml Kokosmilch
- 4–6 frische Thai-Basilikumblätter
- 25 g geröstete Kürbiskerne, zum Garnieren

1 Die Brühe in einem großen Topf aufkochen. Galgant, die Hälfte des Knoblauchs, Zitronengras und Chillies zugeben und 5 Minuten köcheln lassen. Karotten und Kürbis zufügen und 5–6 Minuten garen.

2 In der Zwischenzeit das Öl in einem Wok oder einer Pfanne erhitzen. Schalotten und restlichen Knoblauch darin 2–3 Minuten andünsten. Die Currypaste zufügen und 1–2 Minuten anbraten.

3 Die Schalottenmischung mit Kokosmilch und Basilikum in den Topf zum Gemüse geben, alles verrühren und 2–3 Minuten köcheln lassen. Auf Servierschalen verteilen, mit den Kürbiskernen bestreuen und servieren.

Blumenkohl-Süßkartoffel-Curry

Für 4 Personen

- 4 EL Ghee oder Pflanzenöl
- 2 Zwiebeln, fein gehackt
- 1 TL bengalisches Fünf-Gewürze-Pulver (Panch Phoron)
- 1 Blumenkohl, in Röschen zerteilt
- 350 g Süßkartoffeln, gewürfelt
- 2 frische grüne Chillies, entkernt und fein gehackt
- 1 TL Ingwerpaste
- 2 TL Paprikapulver
- 1½ TL gemahlener Kreuzkümmel
- 1 TL gemahlene Kurkuma
- ½ TL Chilipulver
- 3 Tomaten, geviertelt
- 250 g Erbsen, Tiefkühlware aufgetaut
- 3 EL Naturjoghurt
- 250 ml Gemüsebrühe oder Wasser
- Salz
- 1 TL Garam masala
- frische Korianderblätter, zum Garnieren

1 Das Ghee in einem großen, schweren Topf erhitzen. Zwiebeln und Fünf-Gewürze-Pulver darin bei geringer Hitze unter häufigem Rühren 10 Minuten braten, bis die Zwiebeln goldgelb sind. Blumenkohl, Süßkartoffeln und Chillies zufügen und unter häufigem Rühren 3 Minuten andünsten.

2 Ingwerpaste, Paprikapulver, Kreuzkümmel, Kurkuma und Chilipulver zugeben und unter ständigem Rühren 3 Minuten dünsten. Tomaten und Erbsen zufügen, dann Joghurt und Brühe einrühren. Das Curry mit Salz abschmecken, abdecken und 20 Minuten köcheln lassen, bis das Gemüse gar ist.

3 Das fertige Gericht mit Garam masala bestreuen, in eine vorgewärmte Servierschüssel füllen und sofort mit frischen Korianderblättern garniert servieren.

Kartoffelcurry mit grünen Bohnen

Für 6 Personen
- 300 ml Pflanzenöl
- 1 TL Kreuzkümmelsamen
- 1 TL gemischte Senfkörner und Zwiebelsamen
- 4 getrocknete rote Chillies
- 3 Tomaten, in Scheiben geschnitten
- 1 TL Salz
- 1 TL fein gehackter frischer Ingwer
- 1 TL zerdrückter Knoblauch
- 1 TL Chilipulver
- 200 g grüne Bohnen, diagonal in 2,5 cm lange Stücke geschnitten
- 2 Kartoffeln, gewürfelt
- 300 ml Wasser

Zum Garnieren
- frisch gehackter Koriander
- in dünne Ringe geschnittene frische grüne Chili

1 Das Öl in einem großen Topf erhitzen. Kreuzkümmelsamen, Senfkörner und Zwiebelsamen sowie getrocknete rote Chillies zufügen und unter Rühren anrösten.

2 Die Tomaten zugeben und 3–5 Minuten pfannenrühren.

3 Salz, Ingwer, Knoblauch und Chilipulver in einer Schüssel vermengen und unter Rühren zu der Tomatenmischung geben.

4 Bohnen und Kartoffeln einrühren und 5 Minuten anbraten.

5 Das Wasser zugießen, die Hitze reduzieren und alles 10–15 Minuten unter gelegentlichem Rühren köcheln lassen. In eine vorgewärmte Servierschüssel füllen, mit gehacktem Koriander und frischen Chiliringen garnieren und servieren.

Kichererbsen in Kokosmilch

Für 4–6 Personen

- 300 g Kartoffeln, in 1 cm große Würfel geschnitten
- 250 ml heißes Wasser
- 400 g Kichererbsen aus der Dose, abgespült und abgetropft
- 250 ml Kokosmilch
- 1 TL Salz, oder nach Belieben
- 2 EL Sonnenblumenöl
- 4 große Knoblauchzehen, fein gehackt oder zerdrückt
- 2 EL gemahlener Koriander
- ½ TL gemahlene Kurkuma
- ½–1 TL Chilipulver
- Saft von ½ Zitrone
- frisch gekochter Basmatireis, zum Servieren

1 Die Kartoffeln in einem mittelgroßen Topf mit dem heißen Wasser übergießen und zum Kochen bringen. Dann abgedeckt bei geringer Hitze 6–7 Minuten garen. Die Kichererbsen zugeben und ohne Deckel 3–4 Minuten kochen, bis die Kartoffeln weich sind. Kokosmilch und Salz zugeben und sanft zum Köcheln bringen.

2 Unterdessen das Öl in einem kleinen Topf erhitzen. Den Knoblauch darin bei geringer Hitze unter häufigem Rühren leicht anbräunen. Koriander, Kurkuma und Chilipulver zufügen und unter Rühren 25–30 Sekunden anbraten.

3 Das Würzöl unter die Kichererbsen und Kartoffeln heben. Mit dem Zitronensaft beträufeln und sofort mit gekochtem Reis servieren.

Kichererbsencurry

Für 4 Personen

- 6 EL Pflanzenöl
- 2 Zwiebeln, in Ringe geschnitten
- 1 TL fein gehackter frischer Ingwer
- 1 TL gemahlener Kreuzkümmel
- 1 TL gemahlener Koriander
- 1 TL frisch zerdrückter Knoblauch
- 1 TL Chilipulver
- 2 frische grüne Chillies, fein gehackt
- 2–3 EL frische Korianderblätter
- 150 ml Wasser
- 1 große Kartoffel
- 400 g Kichererbsen aus der Dose, abgespült und abgetropft
- 1 EL Zitronensaft

1 Das Öl in einer großen, schweren Pfanne erhitzen und die Zwiebeln darin unter gelegentlichem Rühren braten, bis sie goldgelb sind. Die Hitze reduzieren. Ingwer, Kreuzkümmel, Koriander, Knoblauch, Chilipulver, grüne Chillies und Korianderblätter zufügen und 2 Minuten unter Rühren braten.

2 Das Wasser in die Pfanne geben und alles gut verrühren.

3 Die Kartoffel mit einem scharfen Messer in Würfel schneiden und mit den Kichererbsen in die Pfanne geben. Abdecken und unter gelegentlichem Rühren 10–15 Minuten köcheln lassen.

4 Das Curry mit dem Zitronensaft beträufeln, auf vorgewärmte Servierteller verteilen und heiß servieren.

Beilagen

Zwiebel-Bhajis

Für 4 Personen

- 150 g Kichererbsenmehl
- 1 TL Salz, oder nach Belieben
- 1 kleine Prise Backpulver
- 25 g Reismehl
- 1 TL Fenchelsamen
- 1 TL Kreuzkümmelsamen
- 2 grüne Chillies, fein gehackt
- 2 große Zwiebeln (ca. 400 g), halbiert und in Ringe geschnitten
- 15 g frischer Koriander, fein gehackt
- 200 ml Wasser
- Sonnenblumenöl, zum Frittieren
- Mango-Chutney (siehe Seite 216) oder Tomaten-Chutney, zum Servieren

1 Das Kichererbsenmehl in eine große Schüssel sieben. Salz, Backpulver, Reismehl sowie Fenchel- und Kreuzkümmelsamen untermischen. Chillies, Zwiebeln und Koriander zugeben. Nach und nach das Wasser einarbeiten, bis ein dickflüssiger Teig entstanden ist, der die Zwiebeln gut überzieht.

2 Ausreichend Öl in einem Wok, einem tiefen Topf oder einer Fritteuse auf 180–190 °C erhitzen, bis ein Brotwürfel innerhalb von 30 Sekunden darin bräunt. (Wenn das Öl nicht heiß genug ist, werden die Bhajis nicht knusprig.) Kleine Teigportionen (½ Esslöffel) nebeneinander ins Öl setzen.

3 Die Hitze leicht reduzieren und die Bhajis portionsweise 8–10 Minuten backen, bis sie goldbraun und knusprig sind. Die Temperatur konstant halten, damit die Bhajis innen gar und außen knusprig werden. Mit einem Schaumlöffel aus dem Fett nehmen und auf Küchenpapier abtropfen lassen. Im leicht vorgeheizten Backofen warm halten, bis alle Bhajis ausgebacken sind. Heiß mit Mango- oder Tomaten-Chutney servieren.

Gemüse-Samosas

Ergibt 12 Stück

- 3 EL Sonnenblumenöl
- ½ TL schwarze Senfkörner
- 1 TL Kreuzkümmelsamen
- 1 TL Fenchelsamen
- 1 Zwiebel, fein gehackt
- 2 grüne Chillies, fein gehackt
- 2 TL Ingwerpaste
- ½ TL gemahlene Kurkuma
- 1 TL gemahlener Koriander
- 1 TL gemahlener Kreuzkümmel
- ½ TL Chilipulver
- 350 g gekochte Kartoffeln, gewürfelt
- 125 g Erbsen, Tiefkühlware aufgetaut
- 1 TL Salz, oder nach Belieben
- 2 EL frisch gehackte Korianderblätter
- 12 Blätter Filo-Teig (ca. 28 cm x 18 cm)
- 50 g Butter, zerlassen, plus etwas mehr zum Einfetten
- Chutney, zum Servieren

1 Das Öl in einem Topf auf mittlerer Stufe erhitzen. Zunächst die Senfkörner, dann Kreuzkümmel- und Fenchelsamen zugeben. Anschließend Zwiebel, Chillies und Ingwerpaste zufügen und unter häufigem Rühren 5–6 Minuten dünsten, bis die Zwiebel glasig ist.

2 Die gemahlenen Gewürze zugeben und unter Rühren 1 Minute garen. Kartoffeln, Erbsen und Salz untermischen, bis das Gemüse gleichmäßig mit der Würzmischung überzogen ist. Den Koriander unterheben. Den Topf vom Herd nehmen und die Masse vollständig auskühlen lassen.

3 Den Backofen auf 180 °C vorheizen und ein Backblech mit Backpapier auslegen. 1 Blatt Filo-Teig auf eine Arbeitsfläche legen und mit Butter bestreichen. Den restlichen Filo-Teig mit Frischhaltefolie abdecken. Den gebutterten Filo-Teig längs falten, erneut mit Butter bestreichen und noch einmal längs falten.

4 Etwa 1 Esslöffel Gemüsefüllung in die untere rechte Ecke auf den Teigstreifen setzen. Die andere Ecke darüberschlagen, sodass ein Dreieck entsteht. Weiterfalten, bis das Ende des Teigstreifens erreicht ist. Das Ende anfeuchten und andrücken. Die Teigtasche auf das vorbereitete Backblech legen und mit zerlassener Butter bestreichen. Auf diese Weise weitere 11 Teigtaschen herstellen.

5 Die Samosas im vorgeheizten Ofen auf der mittleren Schiene 20 Minuten backen, bis sie knusprig und goldbraun sind. Heiß mit Chutney servieren.

Bombay-Kartoffeln

Für 6 Personen

- 500 g kleine Kartoffeln, halbiert
- 1 TL gemahlene Kurkuma
- 1 Prise Salz
- 4 EL Ghee oder Pflanzenöl
- 6 Curryblätter
- 1 getrocknete rote Chili
- 2 frische grüne Chillies, gehackt
- ½ TL Schwarzkümmelsamen
- 1 TL gemischte Senfkörner und Zwiebelsamen
- ½ TL Kreuzkümmelsamen
- ½ TL Fenchelsamen
- ¼ TL Asant
- 2 Zwiebeln, gehackt
- 5 EL frisch gehackter Koriander
- Saft von ½ Limette

1 Die Kartoffeln in einen großen, schweren Topf geben und knapp mit kaltem Wasser bedecken. ½ Teelöffel Kurkuma und Salz zufügen, alles zum Kochen bringen und 10 Minuten köcheln lassen, bis die Kartoffeln gar sind. Das Wasser abgießen und die Kartoffeln abtropfen lassen.

2 Das Ghee in einer großen, schweren Pfanne erhitzen. Curryblätter und getrocknete Chili darin unter häufigem Rühren einige Minuten anbraten, bis die Chili schwarz ist. Restliche Kurkuma, frische Chillies, Schwarzkümmelsamen, Senfkörner und Zwiebelsamen, Kreuzkümmel, Fenchelsamen, Asant, Zwiebeln und frischen Koriander zufügen und unter ständigem Rühren 5 Minuten dünsten, bis die Zwiebeln weich sind.

3 Die Kartoffeln zugeben und bei geringer Hitze unter häufigem Wenden 10 Minuten erhitzen. Mit dem Limettensaft beträufeln und sofort servieren.

Aloo Sag

Für 4 Personen

- 500 g frische Spinatblätter
- 2 EL Ghee oder Pflanzenöl
- 1 TL schwarze Senfkörner
- 1 Zwiebel, halbiert und in Ringe geschnitten
- 2 TL Knoblauch-Ingwer-Paste (siehe Seite 11)
- 1 kg fest kochende Kartoffeln, in kleine Stücke geschnitten
- 1 TL Chilipulver
- 125 ml Gemüsebrühe oder Wasser
- Salz

1 Wasser in einem großen Topf zum Kochen bringen. Den Spinat darin 4 Minuten garen. Gut abtropfen lassen, auf ein sauberes Küchentuch geben, zusammenrollen und ausdrücken.

2 Das Ghee in einem zweiten Topf erhitzen. Die Senfkörner darin bei mittlerer Hitze unter Rühren 2 Minuten rösten, bis sie zu duften beginnen. Zwiebel und Knoblauch-Ingwer-Paste zufügen und unter häufigem Rühren 5 Minuten dünsten, bis die Zwiebel glasig ist.

3 Kartoffeln, Chilipulver und Brühe zugeben und die Mischung salzen. Aufkochen und abgedeckt 10 Minuten köcheln lassen. Den Spinat unterrühren und abgedeckt weitere 10 Minuten köcheln lassen, bis die Kartoffeln gar sind. Sofort servieren.

Aloo Gobi

Für 4–6 Personen

- 50 g Ghee oder 4 EL Pflanzen- bzw. Erdnussöl
- ½ EL Kreuzkümmelsamen
- 1 Zwiebel, gehackt
- 4-cm-Stück frischer Ingwer, fein gehackt
- 1 frische grüne Chili, entkernt und in feine Ringe geschnitten
- 450 g Blumenkohl, in kleine Röschen zerteilt
- 450 g große, fest kochende Kartoffeln, grob gewürfelt
- ½ TL gemahlener Koriander
- ½ TL Garam masala
- ¼ TL Salz
- frische Korianderstängel, zum Garnieren

1 Das Ghee in einer großen Pfanne oder einem Bräter mit dicht schließendem Deckel bei mittlerer Hitze zerlassen. Die Kreuzkümmelsamen darin 30 Sekunden unter Rühren rösten, bis sie knistern und zu bräunen beginnen.

2 Dann sofort Zwiebel, Ingwer und Chili zugeben und 5–8 Minuten unter Rühren anbraten, bis die Zwiebel gebräunt ist.

3 Zuerst Blumenkohl und Kartoffeln, dann Koriander, Garam masala und Salz unterheben und alles 30 Sekunden unter Rühren anbraten.

4 Den Deckel auflegen, die Hitze auf niedrigste Stufe reduzieren und das Gericht unter gelegentlichem Rühren 20–30 Minuten dünsten, bis das Gemüse weich ist. Ab und zu kontrollieren, ob das Gemüse am Pfannenboden ansetzt und, falls notwendig, etwas Wasser unterrühren.

5 Erneut abschmecken und mit Koriander garniert servieren.

Pilaw

Für 2–4 Personen

- 200 g Basmatireis
- 2 EL Ghee
- 3 grüne Kardamomkapseln
- 2 Gewürznelken
- 3 schwarze Pfefferkörner
- ½ TL Salz
- ½ TL Safranfäden
- 400 ml Wasser

1 Den Reis unter fließend kaltem Wasser waschen, bis das ablaufende Wasser klar bleibt. Mit Wasser bedecken und 30 Minuten einweichen. Das Wasser abgießen und den Reis abtropfen lassen.

2 Das Ghee in einem großen, schweren Topf bei mittlerer Hitze zerlassen. Kardamomkapseln, Gewürznelken und Pfefferkörner zugeben und unter Rühren 30 Sekunden anbraten. Den Reis zufügen und 2 Minuten unter Rühren garen, bis er glasig ist.

3 Salz und Safran zugeben. Das Wasser zugießen und zum Kochen bringen. Die Hitze auf niedrigste Stufe reduzieren und den Deckel auflegen. Den Reis 10–15 Minuten gar ziehen lassen, bis die gesamte Flüssigkeit aufgesogen ist.

4 Den Reis auf einer vorgewärmten Servierplatte anrichten und sofort servieren.

Kokosreis

Für 4–6 Personen

- 225 g Basmatireis
- 450 ml Wasser
- 60 g Kokoscreme
- 2 EL Senföl
- 1½ TL Salz

1 Den Reis unter fließend kaltem Wasser waschen, bis das abfließende Wasser klar bleibt. Mit Wasser bedecken und 30 Minuten einweichen. Das Wasser abgießen und den Reis abtropfen lassen.

2 Das Wasser in einem kleinen Topf zum Kochen bringen. Die Kokoscreme zugeben und so lange rühren, bis sie sich aufgelöst hat. Den Topf vom Herd nehmen.

3 Das Öl in einem großen Topf mit Deckel stark erhitzen. Den Topf vom Herd nehmen und das Öl vollständig abkühlen lassen.

4 Das Öl auf mittlerer Stufe erneut erhitzen. Den Reis zugeben und kurz rühren, bis alle Reiskörner mit Öl überzogen sind. Das Wasser mit der aufgelösten Kokoscreme zugießen und zum Kochen bringen.

5 Die Hitze auf niedrigste Stufe reduzieren. Das Salz unterrühren und den Deckel auflegen. Den Reis 8–10 Minuten gar ziehen lassen, bis die gesamte Flüssigkeit aufgesogen ist.

6 Den Herd ausschalten. Den Reis mit zwei Gabeln auflockern und gegebenenfalls nochmals abschmecken. Den Deckel auflegen und den Reis nochmals 5 Minuten ziehen lassen.

Zitronenreis

Für 4 Personen

- 225 g Basmatireis
- 2 EL Sonnenblumenöl
- ½ TL schwarze oder braune Senfkörner
- 10–12 frische Curryblätter
- 30 g Cashewkerne
- ¼ TL gemahlene Kurkuma
- 1 TL Salz, oder nach Belieben
- 450 ml heißes Wasser
- 2 EL Zitronensaft

1 Den Reis unter fließend kaltem Wasser waschen, bis das abfließende Wasser klar bleibt. Mit Wasser bedecken und 20 Minuten einweichen. Das Wasser abgießen und den Reis abtropfen lassen.

2 Das Öl in einem beschichteten Topf auf mittlerer Stufe erhitzen. Erst die Senfkörner, dann Curryblätter und Cashewkerne zugeben.

3 Das Kurkumapulver und kurz danach Reis und Salz zufügen. Unter Rühren 1 Minute braten, dann heißes Wasser und Zitronensaft zugießen. Einmal umrühren, alles zum Kochen bringen und 2 Minuten garen. Abdecken und 8 Minuten bei sehr geringer Hitze köcheln lassen. Vom Herd nehmen und 6–7 Minuten abgedeckt ziehen lassen. Mit einer Gabel auflockern und in eine Servierschale geben. Sofort servieren.

Pikanter Basmati-Pilaw

Für 4 Personen

- 500 g Basmatireis
- 175 g Brokkoli
- 6 EL Pflanzenöl
- 2 große Zwiebeln, gehackt
- 250 g Pilze, in Scheiben geschnitten
- 2 Knoblauchzehen, zerdrückt
- 6 Kardamomkapseln, gespalten
- 6 Gewürznelken
- 8 schwarze Pfefferkörner
- 1 Zimtstange oder 1 Stück Cassia-Rinde
- 1 TL gemahlene Kurkuma
- 1,2 l Gemüsebrühe oder Wasser
- Salz und Pfeffer
- 50 g Rosinen
- 50 g ungesalzene Pistazien, grob gehackt

1 Den Reis gut abspülen und abtropfen lassen. Den Brokkoli in kleine Röschen zerteilen, den Stiel schälen, längs vierteln und diagonal in 1 cm große Stücke schneiden.

2 Das Öl in einem großen Topf erhitzen. Zwiebeln und Brokkolistiel zugeben und bei geringer Hitze unter häufigem Rühren 3 Minuten dünsten. Dann Pilze, Reis, Knoblauch und Gewürze zufügen und 1 Minute unter Rühren garen, bis der Reis mit Öl überzogen ist.

3 Die Brühe zugießen und mit Salz und Pfeffer würzen. Die Brokkoliröschen in den Topf geben und alles erneut aufkochen. Abdecken, die Hitze reduzieren und das Gericht bei geringer Hitze 15 Minuten köcheln lassen. Den Deckel in dieser Zeit nicht abnehmen.

4 Den Pilaw vom Herd nehmen und 5 Minuten abgedeckt ruhen lassen. Dann Rosinen und Pistazien untermengen und den Reis mit einer Gabel leicht auflockern. Heiß servieren.

Koriander-Knoblauch-Naan

Ergibt 3 Stück

- 280 g Mehl (Type 550), plus etwas mehr zum Bestäuben
- 1 TL Salz
- 1 EL gemahlener Koriander
- 1 Knoblauchzehe, sehr fein gehackt
- 1 TL Trockenhefe
- 2 TL klarer Honig
- 100 ml lauwarmes Wasser
- 4 EL Naturjoghurt
- 1 EL Pflanzenöl, plus etwas mehr zum Bestreichen
- 1 TL Schwarzkümmelsamen
- 1 EL frisch gehackter Koriander

1 Mehl, Salz und gemahlenen Koriander in eine Schüssel sieben, dann Knoblauch und Hefe untermischen. Eine Mulde in die Mitte drücken und Honig, Wasser, Joghurt und Öl hineingeben. Mit einem Holzlöffel rühren, bis sich ein Teig bildet, dann mit den Händen kneten, bis er sich vom Schüsselrand löst. Auf einer leicht bemehlten Arbeitsfläche etwa 10 Minuten kneten, bis der Teig glatt und geschmeidig ist. Eine Schüssel mit Öl einfetten. Den Teig zu einer Kugel formen, in die Schüssel geben und mit einem feuchten Küchentuch abdecken. Etwa 1–2 Stunden an einem warmen Ort gehen lassen, bis sich das Teigvolumen verdoppelt hat.

2 Ein Backblech in den Backofen schieben und diesen auf 240 °C vorheizen. Eine Grillpfanne vorheizen. Den Teig auf einer leicht bemehlten Arbeitsfläche mit den Fäusten abschlagen. Den Teig dritteln und jedes Stück zu einer Kugel formen. Zwei Kugeln in eingeölte Frischhaltefolie einschlagen. Die dritte Kugel 8 mm dick ausrollen und zu einem Tropfen formen, dann in eingeölte Frischhaltefolie einschlagen. Ebenso mit den verbliebenen Kugeln verfahren. Die Brote aus den Frischhaltefolien nehmen, auf das Backblech geben und mit Schwarzkümmel und gehacktem Koriander bestreuen. 5 Minuten im vorgeheizten Ofen backen, bis sie aufgegangen sind. Dann die Brote in die Grillpfanne geben, mit Öl bestreichen und 2–3 Minuten grillen. Warm servieren.

Chapati

Ergibt 16 Stück

- 400 g Chapati-Mehl (Atta), plus etwas mehr zum Bestäuben
- 1 TL Salz
- ½ TL Zucker
- 2 EL Sonnenblumenöl
- 250 ml lauwarmes Wasser

1 Mehl, Salz und Zucker in einer großen Schüssel mischen. Das Öl zufügen und mit den Fingern gut in die Mehlmischung reiben. Nach und nach das Wasser einarbeiten. Den Teig auf einer bemehlten Arbeitsfläche 4–5 Minuten durchkneten, bis er glatt und geschmeidig ist. Alternativ den Teig in einer Küchenmaschine zubereiten. Dann in Frischhaltefolie einschlagen und 30 Minuten ruhen lassen.

2 Den Teig halbieren und jede Hälfte in 8 gleich große Portionen teilen. Zu Kugeln formen und etwas flach drücken. Ein Teigstück mit Mehl bestäuben und zu einem 15 cm großen Kreis ausrollen. Währenddessen die anderen Teigstücke mit einem sauberen Tuch abdecken. (Die Chapatis gelingen besser, wenn sie einzeln ausgerollt und gebacken werden.)

3 Eine gusseiserne Grillpfanne oder eine große, schwere Bratpfanne auf mittlerer bis hoher Stufe erhitzen. Ein Chapati darin 30 Sekunden backen. Mit einem Pfannenwender umdrehen und backen, bis der Fladen Blasen wirft. Erneut wenden. Die Teigränder mit einem sauberen Tuch oder einem Pfannenwender vorsichtig nach unten drücken, damit der Fladen in der Mitte möglichst schön aufgeht. Das Chapati ist fertig, wenn sich an der Unterseite braune Stellen bilden. Aus der Pfanne nehmen und warm halten, bis alle Teigfladen gebacken sind. Hierzu das Chapati zunächst in Küchenpapier und danach in Alufolie einschlagen.

Poori

Ergibt 12 Stück

- 225 g Vollkornweizenmehl, gesiebt, plus etwas mehr zum Bestäuben
- ½ TL Salz
- 30 g Ghee, zerlassen
- 100–150 ml Wasser
- Pflanzen- oder Erdnussöl, zum Frittieren

1 Mehl und Salz in eine Schüssel geben und mit dem Ghee beträufeln. Nach und nach das Wasser einarbeiten, bis ein fester Teig entsteht.

2 Den Teig auf einer leicht bemehlten Arbeitsfläche 10 Minuten durchkneten, bis er geschmeidig und glatt ist. Zu einer Kugel formen und in eine saubere Schüssel geben. Mit einem feuchten Küchentuch abdecken und 20 Minuten ruhen lassen.

3 Den Teig in 12 gleich große Portionen teilen und diese zu Kugeln formen. Die Kugeln nacheinander zwischen den Handflächen flach drücken und auf einer leicht bemehlten Arbeitsfläche zu 13 cm großen Kreisen ausrollen.

4 Genügend Öl zum Frittieren in einem Wok, einem tiefen Topf oder einer Fritteuse auf 180 °C erhitzen, bis ein Brotwürfel darin innerhalb von 30 Sekunden braun wird. Ein Poori in das heiße Öl geben und etwa 10 Sekunden frittieren, bis es aufgeht.

5 Mithilfe von zwei Löffeln aus dem Öl nehmen und überschüssiges Öl zurück in den Wok tropfen lassen. Das Poori auf zerknülltem Küchenpapier abtropfen lassen und sofort servieren. Das Öl immer wieder auf die richtige Temperatur bringen, bevor die restlichen Pooris frittiert werden.

Dosa

Ergibt 8 Stück

- 120 g Basmatireis, abgespült
- 70 g halbe ungeschälte Urid-Bohnen (Urid Daal Chilka)
- ¼ TL Bockshornkleesamen
- 125 ml Wasser
- Salz
- 30 g Ghee, zerlassen

1 Salzwasser in einem Topf zum Kochen bringen. Den Reis darin 5 Minuten kochen, dann abgießen. Reis, Bohnen und Bockshornkleesamen in einer Schüssel mit Wasser bedecken und über Nacht einweichen.

2 Am nächsten Tag Reis und Bohnen durch ein Sieb abgießen und dabei das Einweichwasser auffangen. Reis und Bohnen in einer Küchenmaschine mit 75 ml des Einweichwassers zu einem feinen Brei verarbeiten. Nach und nach das restliche Einweichwasser zugießen. Ein Küchentuch in heißes Wasser tauchen, auswringen und über die Schüssel mit dem Teig legen. Diesen an einem warmen Ort 5–6 Stunden gären lassen, bis sich auf der Oberfläche kleine Blasen bilden.

3 Die Teigmischung durchrühren und so viel Wasser zugeben, dass sie die Konsistenz flüssiger Sahne annimmt. Mit Salz würzen.

4 Eine große Pfanne so stark erhitzen, dass ein Wassertropfen auf der heißen Fläche zu „tanzen" beginnt. Die heiße Pfanne mit dem zerlassenen Ghee einfetten. 1 Schöpflöffel Teig in die Mitte der Pfanne geben und mit der Unterseite des Löffels möglichst dünn verteilen. Den Teig etwa 2 Minuten backen, bis die Unterseite knusprig und goldbraun ist.

5 Den Teigfladen wenden und von der anderen Seite ebenfalls 2 Minuten backen. Aus der Pfanne nehmen und gegebenenfalls warm stellen, um ihn später zu füllen, oder abkühlen lassen. So fortfahren, bis der ganze Teig aufgebraucht ist.

Bananenchips

Für 4 Personen

- 4 vollreife Kochbananen
- 1 TL Currypulver (Schärfe nach Belieben)
- Pflanzen- oder Erdnussöl, zum Frittieren
- Mango-Chutney (siehe Seite 216), zum Servieren

1 Die Kochbananen schälen und diagonal in 3 mm dicke Scheiben schneiden. Die Scheiben in eine Schüssel geben, mit dem Currypulver bestreuen und von Hand darin wenden.

2 Das Öl zum Frittieren in einem Wok, einer Fritteuse oder einem großen Schmortopf auf 180 °C erhitzen, bis ein Brotwürfel darin innerhalb von 30 Sekunden braun wird. Die Bananenscheiben portionsweise ins heiße Öl geben und 2 Minuten frittieren, bis sie goldbraun sind.

3 Die Bananenchips mit einem Schaumlöffel aus dem Öl nehmen und auf Küchenpapier abtropfen lassen. Mit Mango-Chutney sofort servieren.

Raita mit Gurke

Für 4–5 Personen

- 1 kleine Salatgurke
- 175 g Naturjoghurt
- ¼ TL Zucker
- ¼ TL Salz
- 1 TL Kreuzkümmelsamen
- 10–12 schwarze Pfefferkörner
- ¼ TL Paprikapulver

1 Die Salatgurke schälen und die Kerne herausschaben. In mundgerechte Stücke schneiden.

2 Den Joghurt in einer Schüssel glatt rühren. Zucker und Salz untermischen.

3 Einen kleinen, schweren Topf auf mittlerer Stufe erhitzen. Wenn der Topf heiß ist, vom Herd nehmen und Kreuzkümmelsamen und Pfefferkörner darin 40–50 Sekunden trocken anrösten, bis sie zu duften beginnen. Aus dem Topf nehmen und 5 Minuten abkühlen lassen. Dann in einem Mörser oder mit einer Teigrolle auf einer harten Unterlage zerdrücken.

4 Die Gewürzmischung bis auf eine große Prise für die Garnierung unter den Joghurt rühren. Dann die Gurke untermengen.

5 Das Raita in eine Servierschale füllen und mit der restlichen Gewürzmischung und Paprikapulver bestäubt servieren.

Chili-Zwiebel-Chutney

Ergibt 250 g

- 1–2 frische grüne Chillies, fein gehackt
- 1 kleine frische Vogelaugenchili, fein gehackt
- 1 EL Weißwein- oder Apfelessig
- 2 Zwiebeln, fein gehackt
- 2 EL frisch gepresster Zitronensaft
- 1 EL Zucker
- 3 EL frisch gehackte Koriander-, Minze- oder Petersilienblätter bzw. gemischte Kräuter
- Salz
- 1 rote Chili, von der Spitze zum Ansatz mehrfach aufgeschnitten und aufgefächert, zum Garnieren

1 Die Chillies mit dem Essig in eine kleine Schüssel geben, gut verrühren und dann abgießen. Die Chillies zurück in die Schüssel geben. Zwiebeln, Zitronensaft, Zucker und Kräuter unterrühren, mit Salz abschmecken.

2 Das Chutney 15 Minuten bei Zimmertemperatur durchziehen lassen oder abdecken und in den Kühlschrank stellen. Vor dem Servieren mit der Chiliblüte garnieren.

Kokos-Sambal

Ergibt ca. 150 g

- ½ frische Kokosnuss oder 125 g getrocknete Kokosflocken
- 2 frische grüne Chillies (nach Belieben entkernt), gehackt
- 2,5-cm-Stück frischer Ingwer, fein gehackt
- 4 EL frisch gehackter Koriander
- 2 EL Zitronensaft, oder nach Belieben
- 2 Schalotten, sehr fein gehackt

1 Bei Verwendung einer ganzen Kokosnuss mit Hammer und Nagel ein Loch in ein „Auge" der Kokosnuss schlagen, die Flüssigkeit abgießen und aufbewahren. Die Kokosnuss mit dem Hammer aufschlagen, die Hälfte des Fleisches herauslösen und klein hacken.

2 Kokosnussfleisch und Chillies in einer Küchenmaschine fein hacken. Ingwer, Koriander und Zitronensaft zugeben und mitverarbeiten.

3 Wenn die Mischung zu trocken ist, etwa 1 Esslöffel Kokoswasser oder Wasser untermischen. Die Schalotten unterrühren und das Sambal sofort servieren oder abdecken und kalt stellen. Es hält sich im Kühlschrank bis zu 3 Tage.

Mango-Chutney

Ergibt ca. 250 g

- 1 große Mango (ca. 400 g), geschält, entsteint und fein gehackt
- 2 EL Limettensaft
- 1 EL Pflanzen- oder Erdnussöl
- 2 Schalotten, fein gehackt
- 1 Knoblauchzehe, fein gehackt
- 2 frische grüne Chillies, entkernt und in feine Ringe geschnitten
- 1 TL schwarze Senfkörner
- 1 TL Koriandersamen
- 5 EL Palmzucker oder hellbrauner Zucker
- 5 EL Weißweinessig
- 1 TL Salz
- 1 Prise gemahlener Ingwer

1 Die Mango in einer Schüssel mit dem Limettensaft mischen und beiseitestellen.

2 Das Öl in einer großen Pfanne auf mittlerer Stufe erhitzen. Die Schalotten zugeben und 3 Minuten andünsten. Knoblauch und Chillies zufügen und unter Rühren 2 Minuten garen, bis die Schalotten glasig, aber nicht gebräunt sind. Dann Senfkörner und Koriandersamen einrühren.

3 Mango, Zucker, Essig, Salz und Ingwer zufügen und alles gut verrühren. Die Hitze auf niedrigste Stufe reduzieren und das Chutney 10 Minuten köcheln lassen, bis die Flüssigkeit eindickt und die Mango klebrig weich ist.

4 Vom Herd nehmen und gut abkühlen lassen. Vor der Verwendung 3 Tage in einem luftdicht verschlossenen Behälter kalt stellen. Danach hält sich das Chutney im Kühlschrank noch 1 Woche.

Lime Pickles

Für 6–8 Personen

- 12 Limetten, halbiert und entkernt
- 120 g Salz
- 70 g Chilipulver
- 25 g Senfpulver
- 25 g gemahlene Bockshornkleesamen
- 1 EL gemahlene Kurkuma
- 300 ml Senföl
- 15 g gelbe Senfkörner, zerstoßen
- ½ TL Asant

1 Die Limetten längs vierteln, salzen und in ein sterilisiertes großes Einmachglas füllen. Geschlossen 10–14 Tage an einem warmen Ort stehen lassen, bis die Limetten weich und braun sind.

2 Chilipulver, Senfpulver, Bockshornkleesamen und Kurkuma in einer Schale mischen. Zu den Limetten ins Glas geben und alles gut vermischen. Das Glas schließen und die Limetten weitere 2 Tage ziehen lassen.

3 Die Limetten in eine hitzebeständige Schüssel geben. Das Öl in einer schweren Pfanne erhitzen. Senfkörner und Asant darin unter Rühren braten, bis das Öl zu rauchen beginnt.

4 Das Gewürzöl über die Limetten gießen und gut mischen. Abgedeckt abkühlen lassen. Dann die Lime Pickles in ein sterilisiertes Gefäß mit Deckel füllen und fest verschließen. Vor dem Servieren 1 Woche an einem hellen, warmen Ort ziehen lassen.

Koriander-Chutney

Für 4–5 Personen

- 1½ EL Zitronensaft
- 1½ EL Wasser
- 80 g frischer Koriander, grob gehackt
- 2 EL frisch geraspeltes Kokosfleisch
- 1 kleine Schalotte, sehr fein gehackt
- 5-mm-Stück frischer Ingwer, gehackt
- 1 frische grüne Chili, entkernt und gehackt
- ½ TL Zucker
- ½ TL Salz
- 1 Prise Pfeffer

1 Zitronensaft, Wasser und die Hälfte des Korianders in einem Mixer oder mit dem Stabmixer zu einer weichen Paste verarbeiten. Nach und nach den restlichen Koriander einarbeiten. Bei Bedarf die Masse zwischendurch von der Schüsselwand schaben.

2 Alternativ den Koriander portionsweise im Mörser zu einer Paste verarbeiten.

3 Die restlichen Zutaten einarbeiten, bis eine fein gehackte Masse entstanden ist. Mit Salz und Pfeffer abschmecken. In eine Schale füllen und servieren. Das Chutney hält sich abgedeckt bis zu 3 Tage im Kühlschrank.

Register